ROLF SCHLENKER

LAUFEN LERNEN MIT DER von-null-auf-42 METHODE

VOM NICHTLÄUFER ZUM MARATHONI

HamppVerlag

Über weitere Bücher des Verlags können Sie sich informieren unter:
www.hamppverlag.de

Bildnachweis:
Umschlagfoto vorne: SWR/Oehl, SWR/Dörfler
Umschlagfoto hinten: Dr. Thomas Wessinghage
Adidas-Salomon AG Herzogenaurach: S. 44; DAK/Schläger: S. 23, 31; DAK/Wigger: S. 16; Istockphoto: S. 19 (Matjaz Slanic), 21 (Paul Baleta), 26 (Martin Kawalski), 28/29, 41 (Oleg Prikhodko), 32 (Lise Gagne), 39 (Ramsey Blacklock), 40, 49 (Maartje van Caspel), 43 (Lauri Dammert), 68 (Diane Diederich), 69 (Hagen Stoll); Mellenthin, Klaus: S. 25, 35, 45; Photodisc: S. 18; Polar Electro GmbH: S. 35 unten; Puma AG: S. 33; Reebok Deutschland GmbH: S. 55; Schmid, Dieter: S. 87; stock.xchng: S. 17 (Peter van Beveren), 22 (Kevin Miller); SWR: S. 12 Mitte, 72; SWR/Dörfler: S. 11, 12 oben, 13, 47, 72/73, 76, 79; SWR/Kluge: S. 8/9, 15, 50/51, 53; SWR/Marino: S. 71, 80, 83, 84; Dr. Wessinghage, Thomas: S. 12 unten, S. 37, 75, 88

Redaktion: Alexandra Büning, Alexander Kurz, Hampp Media GmbH
Layout, Umschlaggestaltung und Satz: Andrea Burk, Reutlingen
Herstellung: Tina Schröder, Hampp Media GmbH
Druck und Bindung: Ernst Uhl GmbH & Co. KG, Radolfzell

Printed in Germany

ISBN: 3-936682-35-6

„von-null-auf-42“ - jetzt sind Sie dran!

Dieses Buch möchte Sie auf einen Marathon heiß machen; ganz egal wie fit, alt oder dick Sie sind. Dass das geht, hat die ARD-Serie „von-null-auf-42“ gezeigt, die sieben absolute Nichtläufer unterschiedlichen Alters innerhalb eines Jahres auf den New York City Marathon gebracht hat. Aus dem Aufsehen erregenden Fernsehexperiment ist inzwischen eine faszinierende Methode geworden, die von vielen tausend Nachahmern ausprobiert wurde. Mit viel Erfolg, wie die Flut begeisterter Mails zeigt, die unsere Redaktion erreicht!

Die „von-null-auf-42“-Methode möchte, dass Sie sich vom Mythos Marathon anstecken lassen, dass Sie sich auf ihn einlassen, dass Sie die Entscheidung treffen, sich durch die härteste olympische Laufdisziplin beißen zu wollen. Das Überraschende dabei: Wann Sie Ihren ersten Marathon laufen, ist dabei zweitrangig, in einem Jahr, in fünf, wenn die Kinder aus dem Gröbsten raus sind, in Ihrer Midlife-Crisis, wenn Sie sich alt und verbraucht fühlen sollten ...

Weit weniger offen sollte dagegen der Termin Ihres Trainingsbeginns sein. Am besten bewährt hat sich der jeweils kommende Samstag. Vielleicht im Stadtpark, mit dem Trainingsplan für Monat 1 oder – wenn Sie als Nichtläufer auch noch deutlich zu viel Gewicht mitbringen sollten – mit unserem Lauflernprogramm „von-null-auf-42-light“ – in nur 10 Wochen auf 20 Minuten.

Also: Viel Spaß am nächsten Samstag. Und in den Jahren danach!

Rolf Schlenker

Hallo SWR-Team!

Ich habe den Halbmarathon geschafft!
Ich bin die 21,1 km in 2 Stunden und 11 Minuten gelaufen und war mächtig stolz auf mich. An dieser Stelle also auch mal ein großes Dankeschön an euch, dass ihr mir dies erst möglich gemacht habt. DANKE !!!!!!

(Läuferin, 38 Jahre)

Inhalt

Im Laufschritt in ein neues Leben

Die Zahlen sprechen für sich. Denn nicht nur die Alterspyramide in Deutschland (und auch in vergleichbaren Ländern) ähnelt zunehmend einem Wasserkopf, auch die Krankheitsstatistiken nehmen einen für die Solidargemeinschaft ungünstigen, in absehbarer Zeit nicht mehr finanzierbaren Verlauf. Immer mehr Menschen leiden an den so genannten Wohlstandskrankheiten, die heute unter dem Begriff „metabolisches Syndrom" zusammengefasst werden. Was auf den ersten Blick als eine Art gesundheitliches Kavaliersdelikt erscheinen mag, zeichnet sich bei näherem Hinsehen durch dramatische Konsequenzen aus.

Persönliche Gesundheitsvorsorge – Thema der Zukunft

Neben Übergewicht, Bluthochdruck und erhöhten Blutfettwerten ist vor allem die Zuckerkrankheit (Diabetes mellitus) mit einer dauerhaften Erhöhung der Insulinwerte im Blut (Hyperinsulinismus) für Organschädigungen verschiedenster Art verantwortlich.

Angesichts der mittlerweile circa 6,3 Millionen Diabetiker Typ 2 in Deutschland erscheinen die circa 280.000 Herzinfarkte bzw. die circa 200.000 Schlaganfälle pro Jahr in Deutschland schon fast als zweitrangige Probleme. Jedes dritte Nierenversagen in der Bundesrepublik ist auf einen Diabetes mellitus zurückzuführen (jährlich mehr als 5.000), etwa 4.000 Menschen erblinden pro Jahr aus demselben Grunde, und rund 31.000 Amputationen werden allein in Deutschland jährlich bei Diabetikern durchgeführt.

Umdenken ist angesagt

Die moderne Medizin verlängert das Leben dieser Menschen, heilen kann sie sie nicht. Eine Heilung ist im fortgeschrittenen Stadium der Krankheit auch gar nicht mehr möglich. Vielmehr muss der Krankheit rechtzeitig vorgebeugt werden. Und das wiederum geschieht nicht (nur) mit Tabletten, sondern vor allem durch eine entsprechende Lebensführung. Der Mensch muss umdenken, sein Leben ändern.

Hauptsache Bewegung

Dabei muss man nicht einmal die für manche Menschen bittere Pille Sport schlucken, um gesünder und belastbarer zu sein. Bereits wenige Schritte, die regelmäßig pro Tag zu Fuß zurückgelegt werden, haben schützende Wirkung. Schon bei einem durch Bewegung erzielten zusätzlichen Energieverbrauch von 500 kcal pro Woche stellt sich ein messbarer Schutzeffekt ein. 500 kcal, das bedeutet circa 1 km Gehstrecke pro Tag. Einmal täglich Brötchen holen, Aufzüge links liegen lassen, in der Mittagspause ein entspannender Spaziergang: wenig und letztlich doch so unendlich viel.

Man muss ein Beispiel geben

Die Aktion „von-null-auf-42" bestätigt diesen Satz. Die größte Kraft, Menschen zu überzeugen, geht vom Beispiel aus. Unsere Teilnehmer wurden nicht ausgesucht, weil sie besondere Menschen waren. Sie waren mit ihrem Leben „vor New York" ein Abbild verschiedener, völlig alltäglicher Schicksale.

Was sie erreicht haben, mag uns außergewöhnlich erscheinen. Aber es zeigt doch nur, dass die Kraft zur Lebensveränderung in uns allen steckt. Wir müssen sie nur wecken. An uns glauben. Und die Veränderung wirklich wollen. Dann können wir Berge versetzen. Oder sie überwinden. Wenn es sein muss, sogar im Laufschritt.

Sieben haben ihr Leben geändert.

Sieben Menschen haben innerhalb eines Jahres ihren Traum, eine erfolgreiche Teilnahme am New York Marathon am 2. November 2003 verwirklicht. Sieben Menschen in Deutschland haben umgedacht. Sieben Nichtsportler waren bereit, ihr Leben zu ändern.

In der ersten Novemberwoche 2002 begann ihre Vorbereitung auf den New York Marathon. 12 Monate danach, 2. November 2003, New York: Alle kommen durch. Sind stolz und glücklich, trotz Kampf und Krampf. Einige müssen alles geben, die letzten Reserven mobilisieren.

Den Alltag besser meistern

Und ein Jahr später: Laufen ist für sechs Teilnehmer zur Normalität geworden, zur energiespendenden Kraft für den Alltag. Der Körper spielt mit, wenn nicht immer, so doch in den allermeisten Fällen. Solange man ihn behutsam an die Aufgabe heranführt.

Auch wenn alle Teilnehmer mittlerweile etwas weniger konsequent trainieren als noch vor einem Jahr, haben sich doch in bestimmten Funktionsbereichen messbare Fortschritte eingestellt (siehe dazu meine Einschätzung Seite 74 f.). Eine weitere Anpassung von Kreislauf und Stoffwechsel haben fast alle erreicht, so dass für ihren Organismus das Ausdauertraining noch mehr zur Normalität geworden ist, als dies vor einem Jahr der Fall war.

Insofern kann für sie das Laufen noch wirkungsvoller dem Zweck dienen, den es ja für alle Breitensportler haben soll: der optimale Bewegungsausgleich zur bewegungsarmen Lebensweise in der heutigen Welt zu sein, entspannender Ausgleich zu den Anforderungen des beruflichen Alltags und wichtigste Nebensache der Welt. Nebensache? Für Iris und Dieter, Frank und Anna-Freda, Mücke und Michael ist Laufen längst zu einer Hauptsache geworden. Gut so.

Dr. Thomas Wessinghage

Teil A

„Entdecken Sie die Geheimnisse des Laufens

Vom Nichtläufer zum Marathoni? Mit der richtigen Methode schaffen auch Sie das! Wie Sie Ihr Ziel erreichen können und was Sie auf dem Weg dahin beachten sollten, erfahren Sie auf den nächsten Seiten.

Ein paar Fakten zu „von-null-auf-42"

Im September 2002 sendete die ARD mehrfach einen Aufruftrailer: „Für ein sportmedizinisches Experiment suchen wir sieben Menschen. Die einzige Voraussetzung: Sie müssen absolute Nichtläufer sein!"

Die Aufgabe: In nur einem Jahr sollten die sieben den New York Marathon laufen – ein Wahnwitz!? Überhaupt nicht! Das eigentlich Wahnwitzige ist vielmehr, dass wir kaum mehr laufen oder uns sportlich bewegen – mit verheerenden Folgen für unser Gesundheitssystem. Die Medizin sagt schon seit langem: Jeder kann einen Marathon laufen, wenn er gesund ist und in einem vernünftigen Training Schritt für Schritt an diese Leistung herangeführt wird.

Die sieben Auserwählten

Die Resonanz auf den Castingaufruf war gewaltig – 17 000 Zuschauer meldeten sich. Und diese sieben suchten wir aus:

- Anna, 52, Hausfrau, drei Kinder, 162 cm, 90 kg
- Anna-Freda, 46, Hausfrau, drei Kinder, 173 cm, 59 kg
- Iris, 44, Zahnarzthelferin, zwei Kinder, 160 cm, 53,5 kg
- Hans-Jürgen alias Mücke, 60, Architekt, 167 cm, 89 kg
- Frank, 41, Justizvollzugsbeamter, ein Kind, 170 cm, 86 kg
- Dieter, 34, Juniorchef einer Brauerei, zwei Kinder, 178 cm, 78 kg
- Michael, 27, ledig, Hörfunkmoderator, 178 cm, 90 kg

> » Vier der sieben waren im Übergewichtsbereich. «

Wer mit dem Body-Mass-Index (siehe Seite 46) umgehen kann, sieht sofort: Vier der sieben waren im Übergewichtsbereich.

Aber: Was keiner am Anfang geglaubt hätte: Alle sieben liefen exakt zwölf Monate nach ihren allerersten Laufschritten über die Finish-Line im Central Park. Für alle sieben war es der Abschluss eines ungeheuer intensiven Jahres, an dessen Ende keiner mehr so war wie zuvor. Äußerlich wie innerlich, physisch wie mental.

Anna

„Eine kranke Frau" – das war Thomas Wessinghages erster Eindruck; kaum belastungsfähig, mit viel zu viel Pfunden auf den Rippen. Und bei Anna klappte es einfach nicht so richtig mit dem Laufen.

Ihren Tiefpunkt hatte Anna nach sechs Monaten, beim Halbmarathontest in Mainz, wo sie von Atemnot geplagt bei Kilometer 17 aufgeben musste und vorsichtshalber in der Uniklinik untersucht wurde. Die Konsequenz des Debakels: Anna sattelte auf Walking um und war plötzlich ein neuer Mensch. Sie trainierte nun mit Freude, nahm auch stärker ab und absolvierte den New York Marathon als 34 429ste von insgesamt 34 703 Finishern. Aber sie hat es geschafft!

Iris

Keine war so oft beim Arzt, keine wurde so oft und heftig von Verletzungen gebeutelt wie Iris. Obwohl sie beim Eingangstest eine der fittesten gewesen war, machte ihr Bewegungsapparat ihr immer wieder einen Strich durch die Rechnung.

Als Iris in New York im Ziel einlief – von Knieschmerzen geplagt –, da wurde ihr erst bewusst, was sie geleistet hatte: Sie hatte nicht locker gelassen, sie hatte sich durchgebissen und sie hatte gesiegt – gegen Verletzungen, Schweinehunde und die 42,195 Kilometer.

Anna-Freda

Obwohl Anna-Freda schon vor den zwölf Monaten Lauftraining so schlank wie nach dem New York Marathon gewesen war, hatte auch sie eine gewaltige Veränderung durchgemacht. Aus der Hausfrau und Mutter von drei Kindern war eine impulsive Malerin geworden. Das war sie auch früher schon mal gewesen, aber das Projekt Familie ließ alle künstlerischen Ambitionen versanden. Erst der Marathon spülte alles wieder nach oben. Jetzt will sich Anna-Freda zum Kunststudium anmelden.

Mücke

Hans-Jürgen, den alle nur Mücke nennen: ein freier Architekt aus Berlin, gefühlvoll und lebensfroh, aber mit einem katastrophalen Blutdruck und Übergewicht – der klassische Kandidat für Herzinfarkt und/oder Schlaganfall.

Diese Aussichten stürzten Mücke an seinem 60. Geburtstag in eine tiefe Depression. Die Folge: Seine Frau meldete ihn bei unserem TV-Experiment an und wir nahmen ihn mit Handkuss. 16 Wochen nach dem Start hatte er schon 16 Kilogramm weniger; am Ende war Mücke sogar der zweitschnellste der sieben Kandidaten. Seit er mit dem Laufen begonnen hatte, war Mücke Tag für Tag jünger geworden.

Michael

Michael, mit 27 der jüngste Teilnehmer, aber genauso dick wie Mücke. Der SWR3-Moderator ist bekennender Hypochonder – damals war er es aber auch völlig zu Recht, denn seine körperliche Verfassung war wirklich schauderhaft. Kein Wunder: Michaels Bewegungsradius beschränkte sich auf die Strecke Fernsehsessel-Kühlschrank und zurück.

Doch aus dem Moppel wurde ein drahtiger Marathoni, so drahtig, dass viele, die Michael längere Zeit nicht mehr gesehen hatten, mit sorgenvoller Miene fragten: „Sag mal, bist du ernsthaft krank?"

Frank

Frank, unser Sunnyboy, der als Justizvollzugsbeamter in der JVA Remscheid sicher von allen unseren sieben Kandidaten den härtesten Job hat: Tag für Tag wird er mit Schwerverbrechern, Mördern und Dealern konfrontiert. Da Frank wusste, dass er beruflich nicht mehr viel weiter nach oben kommen würde, brauchte er eine neue Herausforderung: den Marathon.

Das immer gut gelaunte Kraftpaket sorgte für das „Wunder von Mainz", als er nur vier Wochen nach einem Bänderriss beim Halbmarathon die anderen sechs einfach abhängte. Leider folgte dann im November die „Hölle von New York", wo Frank ab Kilometer 23 von einer Krampfattacke nach der anderen heimgesucht wurde. Doch er biss sich – ganz der harte Junge – durch.

Dieter

Dieter, Juniorchef einer florierenden Schwarzwälder Familienbrauerei, war für uns eigentlich nur zum Teil interessant. Körperlich war er nämlich so fit, dass niemand ernsthaft daran zweifelte, dass er einen Marathon schaffen würde. Sehr viel spannender war dagegen die Frage, wie der Vater von zwei kleinen Kindern den gewaltigen Trainingsaufwand zwischen Stressjob und Familie quetschen würde. Doch das war die Stunde von Katja, Dieters Frau: Wenn er abends nach einem harten Tag noch zum Training rausmusste, packte sie die beiden Kleinen in den Fahrradanhänger und radelte nebenher – Familienzusammenführung à la Marathon.

Zur Nachahmung empfohlen

Als die Serie im Mai 2004 ausgestrahlt wurde, änderte sich noch etwas anderes im Leben der sieben: Auf welchem Laufevent auch immer sie auftauchten, sie wurden erkannt. Sie waren plötzlich zu Stars geworden. Und das völlig zu Recht, denn was sie geleistet hatten, ist großartig. Und noch besser: Die sieben waren ein Beleg dafür, dass wirklich jeder gesunde Durchschnittsbürger das ebenfalls schaffen kann!

» Was diese sieben geschafft haben, schaffen Sie auch! «

Das war auch der Ausgangspunkt für eine Nachfolgeaktion. „Was diese sieben geschafft haben, das schaffen Sie auch!“ So rief der SWR in seinem Hörfunk und im dritten Fernsehprogramm seine Zuhörer und Zuschauer auf, es den sieben gleichzutun und nach zwölf Monaten einen Marathon oder Halbmarathon zu absolvieren. Und über 14 000 meldeten sich.

War das jetzt „Deutschlands größte Laufbewegung“? So ganz genau wussten wir das natürlich nicht, auf jeden Fall aber klang es schon mal sehr gut ...

Was steckt hinter der „von-null-auf-42"-Methode?

Bei Methode denkt man an etwas gründlich Durchdachtes, an ein Verfahren, das Schritt für Schritt Strategien zur Lösung komplexer Aufgaben entwickelt – kurz: Der Begriff „Methode" klingt nach „lang".

Nun ist aber ausgerechnet die Beschreibung unserer Methode besonders kurz. Und das liegt einfach daran, dass die Idee, die der Aktion „von-null-auf-42" zugrunde liegt, ziemlich simpel ist – vielleicht aber gerade deshalb bestechend großartig!

Vom Nichtläufer zum Marathoni

Unsere Fernsehserie hat ja gezeigt, dass jeder gesunde Mensch in der Lage ist, einen Marathon zu absolvieren – jeder, ganz egal wie alt, fit oder fett er gerade ist. Das heißt: Wer auch immer jemals diesen aberwitzigen Einfall hatte, einen Marathon zu laufen, es aber beim Einfall beließ, weil er ja – wie gesagt – aberwitzig ist, der hat spätestens bei der Ausstrahlung der Serie gedacht: „Hoppla ... das geht ja!!!". Und das ist auch schon der erste Lehrsatz unserer Methode:

» Die 3 Lehrsätze der „von-null-auf-42"-Methode. «

- 1. Lehrsatz: Hoppla, das geht ja!
- 2. Lehrsatz: Eine Idee muss verrückt genug sein, damit sie einen lange genug beschäftigt!
- 3. Lehrsatz: Marathon ist für viele ein Lebensziel – also hat man auch ein Leben lang Zeit, ihn zu laufen!

Und das ist sie eigentlich auch schon, die Methode. Dazu kommt noch ein bewährtes Internetangebot mit viel zusätzlicher Information: Unter www.swr.de/marathon/links.html finden Sie unser komplettes „von-null-auf-42"-Internetangebot mit Lauf-/Walkingschule, Expertentipps zu Ernährung, Ausrüstung, Gesundheit, die faszinierenden 3-D-Animationen aus der TV-Serie über die Biochemie des Laufens, Diskussionsforen, Fernseh- und Hörfunkreportagen über unsere Nachfolgeaktion und, und, und, und ...

Ach ja: Und dann gibt´s da noch ein paar Geheimnisse, hinter die Sie kommen sollten!

Geheimnis 1: Das Motiv – der Kern des Marathons

Nennen wir ihn Peter. Peter ist 48 Jahre alt, glücklich verheiratet, zwei clevere, gesunde Kinder, gute Position im mittleren Management eines Versandhauses, nettes Häuschen am Stadtrand, kurz: beneidenswert!

Zumindest bis zu jenem Tag, an dem er zu seinem Chef gebeten wurde. Globalisierung, Anpassung an den Markt, Umorganisation, Outsourcing: das ganze Programm an Business-Floskeln bekam er zu hören. Und der geschmeidig langen Rede kurzer Sinn: Peter war seinen Job los! Ein Schock, denn sofort war ihm eines klar: Mit 48 Jahren würde er auf dem Arbeitsmarkt für Führungskräfte ein Greis sein, zu teuer, zu wenig formbar, unvermittelbar. Aus!

Laufen macht Sinn

Versuchen wir uns einen Augenblick in Peter hineinzuversetzen und nachzuvollziehen, was er in den kommenden Wochen und Monaten alles erleben wird: Da ist zunächst die Achterbahn Bewerbung-Absage-Bewerbung-Absage, begleitet vom galoppierenden Abbau seines Selbstwertgefühls; dann: zunehmende finanzielle Sorgen, die merkwürdige Beklommenheit einiger Freunde, der Austritt aus dem Tennisclub, der Verkauf des Cabrios, die wachsende Angst, dass Frau und Kinder ihn für einen Versager halten könnten – solche Dinge wird Peter wegstecken müssen. Und er wird lernen müssen, es mit Würde zu tun.

In einer solchen Situation beschließen viele, auf einen Marathon zu trainieren. Die zermürbende Kombination von unfreiwilliger Freizeit und destabilisierender Sinnkrise, diese Verletzung, die Trauer oder Wut, dieses tiefe Bedürfnis, allen zu zeigen, was man eigentlich noch draufhat – alles zusammen ergibt ein klassisches Marathonmotiv.

Reif für den Marathon

Joschka Fischer begann mit dem Laufen, nachdem ihn seine Partnerin verlassen hatte, Mücke, da das siebte Lebensjahrzehnt aus seiner Sicht nur noch Pensionierung, Inkontinenz und Darmkrebs bringen konnte, Iris, weil sie es satt hatte, in ihrer Familie nur der „Dödel" zu sein, der seine Bedürfnisse unterzuordnen hat ...

So belastend diese Hintergründe auch für die Psyche sein mögen: Leute, die sich in einer solchen Situation befinden, haben es leichter mit dem Marathontraining! Sie haben einen unnachgiebigen Treiber in sich, der sie nahezu immun macht gegen die lähmenden Attacken jenes Ungeheuers, das man den inneren Schweinehund nennt.

Faszination Marathon

Aber was ist mit denjenigen, die eigentlich zufrieden sind und keinen Problemen davonrennen müssen, die aber auch einen Marathon laufen möchten? Wie können die sich motivieren, um selbst in schwierigsten Situationen durchzuhalten und nicht aufzugeben? Kurz: Kann man sich einen Antreiber selbst basteln? Man kann!

Familie, Job und dann noch Laufen?

Nennen wir sie Kerstin. 42 Jahre, verheiratet, ein Kind, Mann verdient gut, zweimal in der Woche hilft sie in einer Werbeagentur aus, interessanter Freundeskreis. Eigentlich ist Kerstin zufrieden.

Doch instinktiv weiß sie, dass sie die Dinge nicht treiben lassen sollte: Sie möchte rechtzeitig etwas für ihre Gesundheit tun und auch etwas für sich alleine haben – neben Familie und Job. Sie probiert ein paar Sportarten aus und landet beim Laufen. Einmal die 42 Kilometer zu schaffen, dieser Gedanke elektrisiert sie.

Achtung, Alltag!

Scheinbar beste Voraussetzungen also. Doch wenn Menschen wie Kerstin auf einen Marathon zu trainieren beginnen, dann ist die Chance groß, dass sie in den ersten Monaten wieder aufgeben. Die bevorstehende Geschäftsreise ihres Mannes, das wichtige Abendessen mit einem Kunden, der Ausflug mit den Freunden – lauter wichtige Termine, und Kerstin wird aller Voraussicht nach kein einziges Mal sagen: „Ohne mich! Ich muss trainieren!" Und sie wird sehr schnell an den Punkt geraten, an dem sie merkt, dass nicht alles auf einmal geht: Familie, Beruf, Freunde plus Marathon.

Beginnen Sie mit dem Training – gleich am kommenden Samstag!

Ein Marathon hat seine Zeit

Aber Kerstin will den Marathon laufen – so wie Iris oder Anna-Freda. Die haben es schließlich auch geschafft, das riesige Trainingspensum zwischen die diversen Pflichten zu quetschen, oder?

Doch bei Kerstin wird das nicht klappen können, denn es gibt einen wesentlichen Unterschied zwischen ihrer Situation und der von Iris und Anna-Freda: Die beiden Frauen waren „reif" für den Marathon. Bei beiden waren die Kinder aus dem Gröbsten raus. Jetzt bot sich ihnen – zum ersten Mal seit der Geburt des ältesten Kindes – die Chance, ohne schlechtes Gewissen etwas für sich selbst zu tun.

Ein Marathon hat ganz offensichtlich seine Zeit! Das ist die Grundeinsicht, zu der Kerstin gelangen muss, wenn sie dabeibleiben will. Sie muss akzeptieren können, dass es Phasen im Leben gibt, in denen man ein solches Projekt einfach nicht rücksichtslos genug durchziehen kann, zum Beispiel wenn man beruflich gerade expandiert oder wenn man zwei kleine Kinder zu Hause hat – kurz: wenn man mitten im Leben steht und alle Hände voll zu tun hat, dann kann man nicht auch noch einen Marathon laufen wollen! Auch wenn Dieter, der Brauereichef aus dem Südschwarzwald, genau das vorexerziert hat. Aber wäre er auch so konsequent gewesen, wenn keine Fernsehkameras neben ihm gestanden hätten?

Bleiben Sie dran!

Es stinkt Kerstin natürlich mächtig, dass sie ihr selbst gestecktes Ziel nicht erreichen können wird. Aber statt zu resignieren und alles hinzuwerfen, entwickelt sie eine ebenso kluge wie erfolgreiche Strategie: Sie hält ihren Wunsch am Köcheln! Sie wird ihren Marathon laufen! Dann, wenn sie die Zeit dazu hat! Und das Training für diesen fernen Tag X beginnt nicht irgendwann in nebulöser Zukunft, sondern heute! Jetzt! Kerstin wird versuchen, ein Level von 10 bis 15 Kilometern zu halten. Dann hat sie es auch nicht mehr ganz so schwer, wenn der Tag X naht.

» Seien Sie Realist und werden Sie Visionär! «

Im Business nennt man so etwas eine Vision. „Visionen sind Strategien des Handelns. Das unterscheidet sie von Utopien", sagte Roman Herzog einmal. Ein Visionär ist demnach jemand, der auf der einen Seite ein fernes Ziel vor Augen hat, auf der anderen Seite aber eine klare Vorstellung davon besitzt, wie er dieses Ziel erreichen kann.

Geheimnis 2:
Wie sich „downs" clever nutzen lassen

Gerda hatte es geschafft: Sie konnte ihr Lauftraining zwischen Privatleben und Beruf positionieren. Von den 15 Kilogramm, die sie in den letzten zehn Jahren zugenommen hatte, waren bereits acht wieder verschwunden.

Alles hätte super laufen können, wäre da nicht dieser Stress mit der Reorganisation der Abteilung dazwischengekommen. Fast drei Monate lang wusste keiner, ob es die Abteilung danach noch geben würde; Meetings, Planungsrunden, lange sorgenvolle Gespräche mit Kollegen – Gerda wurde völlig aus ihrem Rhythmus geworfen und kam überhaupt nicht mehr zum Trainieren. Denn jetzt war Wichtigeres angesagt!

Laufen als Mittel zum Zweck

Als nach drei Monaten dann Entwarnung gegeben wurde, war die Freude groß, allerdings mit einem Dämpfer: Gerda hatte fast ihr altes Gewicht wieder erreicht: Ein halbes Jahr Laufen war praktisch umsonst gewesen. Zwei-, dreimal schaffte sie es danach zwar noch, auf die Bahn zu gehen, doch der Dampf war jetzt einfach raus: Gerda wollte nicht mehr. Zu was auch? Es hatte ja – ganz offensichtlich – nichts genutzt.

Gerdas Beispiel zeigt, dass es nicht immer nur von Vorteil ist, ein Ziel zu haben. Vor allem dann nicht, wenn man dieses Ziel als den um alles ersehnten Endpunkt betrachtet: Und Gerdas Ziel hieß eben nicht „42 Kilometer" sondern „65 Kilogramm".

Ihr früheres Gewicht wieder zu erreichen, dieser Wunsch war in den letzten Jahren immer stärker geworden. Aber keine Diät hatte angeschlagen, jede Form von Ernährungsumstellung war am stressigen Büroalltag gescheitert. Schließlich war sie auf die Idee gekommen, es mit Laufen zu versuchen, und es hatte funktioniert!

Laufen – eine gute Strategie, um abzunehmen.

Alles umsonst?

Laufen war für Gerda also das euphorisierende Mittel zum Zweck. Sie hatte bereits ausgerechnet, dass sie es bis zum nächsten Sommer geschafft haben würde. Und nun hatte die Auszeit sie zurückgeworfen: Sie war von ihrem Ziel wieder fast genauso weit entfernt wie am Anfang – ihr Frust ist nur zu verständlich und nachvollziehbar. Ebenso wie die Vermutung, dass sie wohl sobald keinen Neustart mehr schaffen würde.

Der Weg zum Ziel ist nicht immer eine Gerade.

Die Einstellung zählt

Es hätte auch anders laufen können bei Gerda. Denn der Fehler lag bestimmt nicht in der fehlenden Disziplin: Freizeitsportler müssen ihre Prioritäten eben anders setzen als Profis. Die wenigsten sind in der Lage, so preußisch durchs Arbeits- und Privatleben zu gehen, dass sie alles der sklavischen Einhaltung von Trainingsplänen opfern; wenn es – wie bei Gerda – brennt, muss man eben ran. Und akzeptieren, dass dann andere Dinge zur Not auf null zurückgefahren werden müssen.

Gerdas Problem lag vielmehr in ihrer Einstellung. Laufen war ihre Strategie für das Abnehmen. Und das Scheitern dieser Strategie trug die klare Botschaft: Laufen bringt es offensichtlich auch nicht. Das Fatale an Gerdas Resignation: Sie gab damit das einzige Steuerungsinstrument aus der Hand, das bei ihr nachweislich funktioniert hatte!

Strategien entwickeln

Wie hätte sie das verhindern können? Gerda hätte sich mehr Gedanken über das Laufen machen müssen. Eines der ersten Ergebnisse wäre ganz sicher die Erkenntnis gewesen: „Es kann mir – wie Zigtausenden vor mir – etwas dazwischenkommen!“ Und von da wäre es nicht mehr sehr weit zu der Frage gewesen: „Und wie würde ich dann mit dem Problem umgehen?“

Damit hätte Gerda schon einen wichtigen ersten Schritt getan: Zu erkennen, dass der Weg zu einem Ziel „Z“ leider nicht immer eine Gerade darstellt. Kurven, Wellen, das Auf und Ab, das Vor und Zurück – all das sind mögliche Abschnitte und Begleiter auf diesem Weg.

Hören Sie auf Ihren Körper

Gerda hat einen ganz entscheidenden Fehler gemacht: Sie hat die Stimme ihres Körpers falsch gedeutet. Denn der sagte nicht: „Ich will nicht mehr laufen“, sondern er gab ihr lediglich zu verstehen: „Mir ist das gerade zu viel!“.

Gerda hätte nach ihrer Pause einfach weitertrainieren sollen. Aber so wie es ihrem Körper gefällt. Wenn dessen Leistungslevel zurückgeschwungen ist, muss Gerda auch Pensum und Intensität des Trainings entsprechend zurückfahren. Konkret: Sie hätte bis zu dem Punkt laufen sollen, an dem ihr Körper nicht mehr wollte. Und dann walken. Bis zur völligen Erholung. Dann wieder ein Stück laufen. Bis zur nächsten Pause.

So hätte Gerda ihren Körper Schritt für Schritt wieder an das alte Leistungslevel heranführen können. Und sie hätte sich gewundert, wie schnell das gegangen wäre. Da sie aber ihrem Körper die Erholungspause nicht gegönnt hatte, überforderte sie sich – und verlor deshalb die Lust am Training.

» Scheitern darf nicht gleich das „Aus“ bedeuten! «

Rückschläge gehören dazu

Mit den „ups“ und „downs“ umzugehen, ist eine reine Kopfsache. Betrachten Sie den Wechsel von Hochs und Tiefs als eine Art Gezeitensystem, als immerwährende Abfolge von Ebbe und Flut. Beides gehört zum Meer. Und ebenso gehören beide – die „ups“ und die „downs“ – zum Laufen. Egal, wo man sich gerade befindet: Man ist immer Läufer. Auch dann, wenn man – wie Gerda – gerade eine Zeit lang nicht zum Trainieren gekommen ist.

Geheimnis 3: Warum alles geben nix bringt ...

Jürgen ist 48 Jahre alt. Früher war er ein ganz passabler 10 000-Meter-Läufer. Und das wird – überraschenderweise – für ihn zum Problem. Damals hat er etwa eine Stunde für diese Strecke gebraucht, und das will er, selbstredend, ganz schnell wieder schaffen.

Mit inzwischen 20 Kilo mehr auf den Rippen schindet sich Jürgen natürlich: Keuchend und mit hochrotem Kopf beendet er am ersten Tag sein Training. Auch am zweiten, dritten, vierten und fünften Tag sieht es nicht besser aus. Langsam wird Jürgen nervös: Jetzt muss die alte Form doch endlich wieder kommen – und außerdem hat er bisher auch noch kein Gramm abgenommen! Jürgen wird skeptisch und fragt sich schon: „Lohnt sich der Aufwand überhaupt, wenn sich da gar nichts tut?"

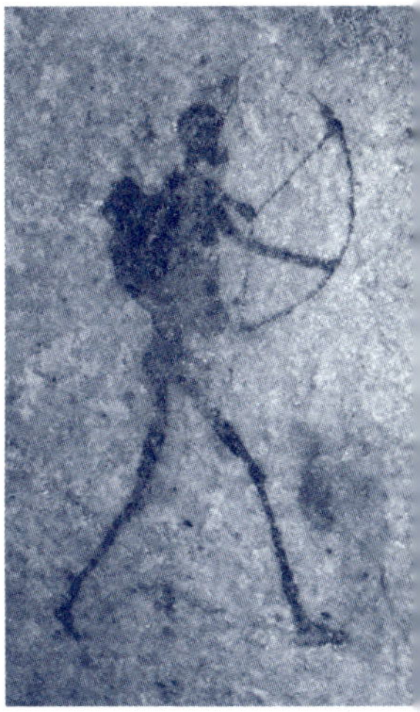

Genetisch gesehen ist der Mensch ein Jäger.

Das Geheimnis des Abnehmens

Jürgen ist, kaum dass er angefangen hat, an einem Punkt, an dem viele schon wieder mit dem Laufen aufhören: Sie haben etwas erwartet, was nicht eintrat. Es trat aber nur deshalb nicht ein, weil sie – natürlich unbewusst – gegen ihren Körper gearbeitet haben, anstatt klug die Prozesse auszunützen, die im Organismus ablaufen.

Alles hätte ganz anders laufen können, wenn Jürgen eine Ahnung gehabt hätte, wie der Prozess „abnehmen" funktioniert. Er hat mit der Tatsache zu tun, dass Jürgen Jäger ist. Zumindest genetisch. Warum nimmt ein Mensch überhaupt ab und zu? Die Logik, die dahintersteckt, begreift man am besten, wenn man sich unser Ur-Programm anschaut, unsere Steinzeit-Matrix. Der Körper eines Steinzeitjägers musste in jeder Situation entsprechend reagieren, das heißt unterschiedlich schnell unterschiedlich viel Energie bereitstellen.

› **Situation 1:** Der Jäger trabt tagelang hinter einem verletzten Mammut her.

› **Situation 2:** Der Jäger sollte schneller als der Nachbarstamm beim Mammut sein.

› **Situation 3:** Ein Säbelzahntiger bricht plötzlich durch die Büsche – unser Jäger flüchtet auf den nächsten Baum.

Fett verbrennt man nur bei ruhigem Laufen.

Laufend Fett verbrennen

Da unser Körper ein intelligentes System ist, rechnet er ständig mit Situation 3. Und es ist lebensnotwendig, dass er für diese Situationen einen extra Energiespeicher bereithält: die Kohlenhydrate.

Wenn der Puls des Jägers plötzlich hochschnellt, weil er losspurtet, weiß der Körper, dass er jetzt mehr und mehr den Superkraftstoff „Kohlenhydrate" verbrennen muss. Da er dafür mehr Sauerstoff braucht, muss der Jäger häufiger atmen – er beginnt zu keuchen.

Umgekehrt heißt das aber nun: Wenn unser Jäger durch niedrigen Puls und ruhige Atmung signalisiert: „Ich bin jetzt in der ruhigen Situation 1", ist das ein deutliches Signal für den Körper, dass er seine Kohlenhydrate aufsparen kann und Zeit hat, an das wesentlich unergiebigere Fett zu gehen. Denn es ist viel Sauerstoff nötig, um die trägen Fettvorräte abzubauen, und so dauert es wesentlich länger, bis die Energie in den Zellkraftwerken angelangt ist.

Langsames Training führt zum Erfolg

Damit ist das große Geheimnis des Abnehmens beschrieben: Fett verliert nur, wer permanent die Handbremse zieht und seinen Körper zum ruhigen Lauf in ganz niedrigen Pulsfrequenzen zwingt.

Umgekehrt ist jetzt auch klar, warum diejenigen nicht abnehmen, die sich bis an ihre Leistungsgrenze quälen. Sie signalisieren ihrem Körper damit: Der Säbelzahntiger ist hinter mir her! Und weil der Körper intelligent ist, verbrennt er dann nicht Fett, sondern Kohlenhydrate, die Spaghetti vom Abend vorher – mit dem Erfolg, dass derjenige, der so trainiert, nach dem Laufen erstmal einen Bärenhunger hat.

Was hätte Jürgen also wissen müssen? Es sind hochkomplexe Vorgänge, die sich während eines Trainings im Körper abspielen; man muss sie nicht im Einzelnen kennen, aber man sollte die zentrale Botschaft verstehen und umsetzen können. Und die lautet: Der Aufbau von Leistungsfähigkeit und die Verbrennung von Fett spielen sich weit unter dem Höchstleistungslevel ab. Kurz: Wer japst und keucht, ist jenseits dieses Bereichs – und verhindert damit nicht nur eine Gewichtsabnahme, sondern auch eine Konditionszunahme!

Der Schlüssel zum erfolgreichen Training

- Wer langsam genug trainiert, verbessert ständig sein Leistungsvermögen.
- Die Leistungsgrenze verschiebt sich nach hinten – ohne dass man sie je erreicht.

Geheimnis 4: Wie Sie den Code Ihres Körpers entschlüsseln können

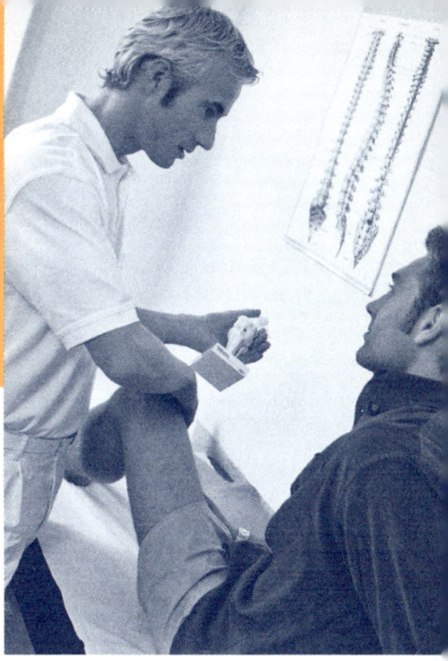

Lernen Sie die Botschaft des Schmerzes verstehen.

Ihr Körper spricht mit Ihnen. Aber können Sie ihn auch verstehen? Möglicherweise gehören Sie zu jener überwältigenden Mehrheit, die eine ganz bestimmte Nachrichtensparte aus ihrem Körperinneren mit einem banalen „Tut weh!“ gleichsetzt. Es geht um den Schmerz. Er ist einer der wichtigsten Botschafter, aber was er mitzuteilen hat, ist nicht immer einfach zu verstehen.

Das Phänomen Schmerz

Der Schmerz ist ein raffinierter, vielschichtiger Code. Erst wer ihn zu entschlüsseln versteht, ist in der Lage, seinen Körper kennen zu lernen.

Zunächst einmal sagt der Schmerz: Da stimmt etwas nicht! Und dieses Signal sollten Sie auch unbedingt ernst nehmen. Sprechen Sie lieber einmal zu oft mit Ihrem Arzt als einmal zu wenig. Aber nutzen Sie solche Gespräche auch, um – zusammen mit ihm – das Wesen des Schmerzes verstehen zu lernen.

» Der Schmerz sagt Ihnen frühzeitig, dass Sie auf einen Punkt besonderes Augenmerk legen sollten. «

Lernen Sie Ihre Schwachstellen kennen

Auf jeden Fall können Sie sich auf eines einstellen: Das Training auf einen Marathon wird Ihre Schwachstellen nach oben spülen. Gott sei Dank! Denn mit Ihren Malaisen haben Sie Millionen von Mitbürgern eines voraus: Sie kennen Ihren Knackpunkt, und so können Sie reagieren.

Wenn Sie mit 45 Jahren erfahren, dass Sie ein Hüftproblem haben, haben Sie vielerlei Möglichkeiten, dagegen anzugehen. Viele allerdings merken es gar nicht, was sich da in ihren Gelenken und Knochen zusammenbraut. Und irgendwann einmal kommt es zum Vorschein, zu spät für eine erfolgversprechende Therapie. Die Schmerzen werden zum ständigen Begleiter.

So war es ja auch bei Iris. Was sie erlebte, lässt sich nur mit dem Begriff „Odyssee der Schmerzen“ einigermaßen adäquat umschreiben. Iris ließ sich dennoch nicht von ihrem Weg abbringen: Sie wollte unbedingt New York innerhalb von zwölf Monaten laufen. Vernünftiger wäre es allerdings gewesen, sie hätte sich mehr Zeit gelassen.

Bis an die Schmerzgrenze

Eine weitere wichtige Funktion des Schmerzes: Er zeigt Ihnen zuverlässig Ihren Ist-Zustand an. Er sagt: Dieser Muskel, dieses Gelenk, diese Sehne kann nur bis zu diesem Punkt. Und nicht weiter!

Diesen Punkt hat aber niemand anders als Sie selbst definiert: Muskeln und Bewegungsapparat entwickeln sich gerade so weit, wie sie auch gebraucht werden. Das hat wiederum mit Ihrer Vergangenheit als Steinzeitjäger zu tun. Der Körper spezialisiert sich auf die Tätigkeiten, die man zum Überleben braucht. Wer meist tagelang durch Wälder oder Steppen rennt, um verwundete Auerochsen einzuholen, braucht eben andere Muskeln als der Pfahlbau-Dorfbewohner, der mit seinem Einbaum ständig zum Fischen auf den See hinauspaddelt.

» Der Schmerz zeigt Ihren Ist-Zustand an! «

Und diese Muskeln, die ständig gebraucht werden, die verstärkt der Körper. Und woher nimmt er das Material zum Ausbau? Zum Beispiel von Muskeln, die nicht gebraucht werden. Die baut der Körper radikal ab, um dort zu investieren, wo es Sinn macht.

Was beim Training passiert

Wenn Sie also mit dem Training beginnen, passiert zum Beispiel in einem Muskel Folgendes: Sie belasten den Muskel stärker, als er es gewohnt ist, er muss deutlich mehr kontrahieren, er wird überdehnt, möglicherweise entstehen kleine Risse – mikroskopisch betrachtet ist dies zunächst ein Desaster.

Doch dann schickt der Körper seine Reparatureinheiten. Und die haben zwei Aufträge: Sie müssen – zum einen – die Schäden reparieren und sie müssen – zum anderen – das System verbessern, weil der Vorgang ja deutlich gezeigt hat: Das, was an Substanz da ist, ist offensichtlich zu wenig.

Läuft man mit diesem reparierten Muskel nun aber bis zur nächsten Schmerzgrenze, ist das für die Reparatureinheiten eine klare Botschaft: Hier muss nochmals verbessert und aufgestockt werden!

Und so geht es von Upgrading zu Upgrading; ein wunderbarer Vorgang, den wir alle unter dem Begriff „Training“ kennen.

Das Phänomen Unlust

Neben dem Schmerz gibt es noch einen weiteren Körpercode, den es zu entschlüsseln gilt: die Unlust. Bei dieser Dechiffrierung stehen wir allerdings oft vor einem gewaltigen Sprachenproblem: Was sagt uns eigentlich unser Köper wirklich? Sagt er: „Ich kann nicht mehr!“? Oder nur: „Ich will nicht mehr!“? Ein gewaltiger Unterschied: Objektive körperliche Belastungsgrenze contra innerer Schweinehund. Meist spürt man ihn sofort – wenn man ehrlich zu sich selbst ist.

» Lernen Sie die Sprache Ihres Körpers verstehen. «

Wenn man eine Belastungsgrenze ausgemacht und – richtig – mit Leistungsverminderung darauf reagiert hat, dann hat man meist ein gutes Gefühl dabei; schließlich hat man verantwortungsvoll dem eigenen Körper gegenüber gehandelt. Man registriert, dass man den Körper immer besser verstehen lernt – eine Kunst, die von unseren sieben Läufern vor allem Anna-Freda perfekt beherrschte.

Der Kampf gegen den inneren Schweinhund

Reagiert man aber mit Leistungsminderung, um lediglich dem inneren Schweinehund nachzugeben, dann spürt man das meist sofort: am schlechten Gewissen.

Auf Seite 20 wurde bereits beschreiben, wie Sie mit diesem Schweinhund umgehen sollten:

- Geben Sie ihm Zuckerbrot und Peitsche!
- Reduzieren Sie – aber nur das Tempo, nicht den Umfang Ihres Trainings! Wechseln Sie nach einer Teil-Laufstrecke ruhig zum Gehen. Aber unterstehen Sie sich, abzubrechen.

Die Botschaft für Ihren Körper ist damit nämlich unzweideutig: Wenn er nicht will, soll er auch nicht gezwungen werden. Er soll aber bloß nicht glauben, er käme mit dieser Strategie auch nur eine Minute früher in den Fernsehsessel!

Der innere Schweinehund ist nicht so leicht zu besiegen.

Geheimnis 5: Warum Laufen und Denken so gut zusammenpassen

Gehen, um zu sich selbst zu finden.

St. Jean Pied de Port/Pyrenäen: Eine lange, auseinander gezogene Reihe Menschen schiebt sich langsam die steile Bergstraße hinauf – zwanzig? dreißig? Ständig kommen von unten neue Wanderer nach. Alle haben schwere Rucksäcke auf dem Rücken. Tag für Tag geht das nun schon so, seit mehr als 1100 Jahren ...

Auf dem Weg zu sich selbst

Die beschriebene Szene spielt auf dem berühmten Jakobsweg, dem über 800 Kilometer langen Pilgerweg vom Fuß der französischen Pyrenäen bis nach Santiago de Compostela im äußersten Nordwesten Spaniens, wo das Grab des Jüngers Jakob liegen soll. Aber: Was hat das mit einem Marathon zu tun? Ebenso viel wie mit der Tatsache, dass es in fast jeder traditionellen Universitätsstadt einen „Philosophenweg" gibt!

» Pilgern, Gehen, Walken oder Laufen haben eine andere Dimension als nur von A nach B zu gelangen! «

Fragt man einen Jakobspilger nach seinem Beweggrund, warum er sich 800 Kilometer lang durchs herbe Nordspanien kämpft, wird man nur selten ein rein religiöses Motiv zu hören bekommen. Aber dafür sehr oft: „Ich möchte zu mir selbst finden", „Ich muss mit mir ins Reine kommen", „Ich brauche einfach mal Zeit für mich", „Ich musste einfach mal aus dem Alltagstrott raus" ...

Mehr als nur Fortbewegung

Sie können es an sich selbst feststellen: Wenn ein Problem besonders knifflig ist, verspüren Sie den Drang, auf und ab zu gehen. Viele gehen spazieren, weil sie über eine Sache intensiv nachdenken wollen. Wie die Philosophen in Heidelberg, Tübingen oder Göttingen. Oder sie laufen.

All das ist die fortgeschrittene Art des Auf-und-ab-Gehens: Man gibt der Unruhe eine Richtung und ein Ziel, dennoch arbeitet der Körper noch in einem stabilen Leistungsbereich, die Durchblutung aber ist optimal, jetzt ist das Gehirn am aktivsten – offenbar arbeitet hier etwas zusammen, was zusammengehört!

Mens sana in corpore sano

Das klingt jetzt alles ein bisschen nach „ein gesunder Geist in einem gesunden Körper“ – aber es ist in Wahrheit viel, viel aufregender, wie ein kurzer Ausflug in die junge „Bewegungs-Neurowissenschaft“ zeigt. Dass es einen Zusammenhang zwischen der Ertüchtigung des Leibes und der Brillanz des Geistes gibt, vermutet man seit Jahrtausenden, belegen konnte man es aber erst seit den 80er Jahren des 20. Jahrhunderts. Die Entwicklung der bildgebenden Verfahren (Positronen-Emissions-Tomographie und Magnet-Resonanz-Tomographie) ermöglichte zum ersten Mal, Vorgänge im Gehirn sichtbar zu machen. Einer der Vorreiter dieser neuen Wissenschaft, der Kölner Sportwissenschaftler Wildor Hollmann, hat viele Hinweise darauf gefunden, dass dynamisches Ausdauertraining eine ganz direkte Auswirkung auf das Gehirn hat: Wenn man sich bewegt, werden im Gehirn ganz bestimmte Regionen besser durchblutet und aktiviert. Das Training stimuliert z. B. die Neubildung von Nervenzellen und erhöht die Konzentration der Neurotransmitter – das sind die Substanzen, die eine zentrale Rolle bei der Übertragung von Nervenreizen spielen. Ein Mehr an diesen Botenstoffe heißt: schnellere Übertragung. Und das bedeutet wiederum: Das Konzentrationsvermögen nimmt zu, die Reaktionszeit ab, der Fehlerquotient wird kleiner.

» Begreifen Sie Ihr Lauftraining als Freiraum zum Denken, zum Brainstormen, zum Abarbeiten all dessen, zu dem man in Büro und Familie nicht kommt. «

Wer sich bewegt, denkt besser

Nicht alle Wissenschaftler sehen das genauso wie Hollmann, einig sind sich aber alle in einem: Wer sich bewegt, dessen Gehirn wird besser durchblutet und arbeitet somit besser.

Wir bekommen also hier eine Möglichkeit geboten, an einem Rädchen zu drehen und die gewaltige, komplexe Maschinerie „Gehirn“ zu beeinflussen, deren unüberschaubare Vielfalt von funktionellen Ebenen, wie Wildor Hollmann schwärmt, zu „Gedanken“, zu „Ideen“, zum „Ich“ führt.

Und spätestens mit diesen Worten scheint auch der Bogen zum Phänomen des Philosophenwegs geschlossen: Da derjenige, der sich bewegt, offensichtlich besser denkt, brauchten Denker Wege, um sich bewegen zu können.

Teil ››B

Bevor es losgeht ...

Laufen kann jeder. Aber bevor Sie jetzt spontan Ihre Laufschuhe schnüren und mit dem Training beginnen, gibt es doch noch einige Kleinigkeiten, die Sie wissen sollten, damit Sie Ihr großes Ziel auch sicher erreichen.

Warum der erste Schritt nie der erste Schritt sein sollte

Keine Sorge: Wir wollen Ihnen die Freude am spontanen Loslaufen nicht vermiesen. Starten Sie einfach, Sie wissen ja: Der kommende Samstag ist immer der beste Tag!

Bevor Sie Ihre Läuferkarriere beginnen, sollten Sie sich allerdings einige wichtige Dinge klar machen, damit Sie – auch in jeder Beziehung gut gerüstet – loslegen können.

Punkt 1: Der sportmedizinische Eingangscheck

Der medizinische Check sollte umfassen:

- das Abhören von Herz und Lunge,
- ein Belastungs-EKG,
- die Funktionsüberprüfung von Knie, Hüfte und Wirbelsäule (Inaugenscheinnahme, nicht Röntgen),
- das kleine Blutbild, um mögliche Entzündungsherde aufzuspüren.

Wenn Sie auf einen Halbmarathon oder Marathon trainieren wollen, dann sollten Sie ganz sicher sein, dass Sie gesund sind. Sie müssen ausschließen können, dass Sie an einem versteckten Herzfehler oder einer Bewegungseinschränkung der Hüfte leiden. Gewissheit verschafft Ihnen eine sportmedizinische Eingangsuntersuchung. Die Kosten dieses sportmedizinischen Eingangstests müssen Sie privat tragen. Ein solcher Check kostet zwischen 100 und 150 Euro; nicht gerade wenig, aber eine Investition, die Sicherheit und ein gutes Gefühl gibt. Sie wissen danach: Mit mir ist alles in Ordnung!

Kontrollieren Sie Ihr Tempo

» Vertrauen Sie auf die Atem-Schritt-Regel. «

Sie müssen Ihren Arztbesuch jetzt nicht mit aller Gewalt vor Ihre erste Trainingseinheit quetschen, aber innerhalb der ersten zwei bis drei Monate sollten Sie Ihren Check schon machen lassen. Bis dahin sind Sie mit der Atem-Schritt-Regel auf der sicheren Seite: pro acht Schritte einmal Ein- und Ausatmen. Sollten Sie das Bedürfnis verspüren, schneller zu atmen, ist das ein deutliches Zeichen dafür, dass Sie Ihr Tempo reduzieren müssen.

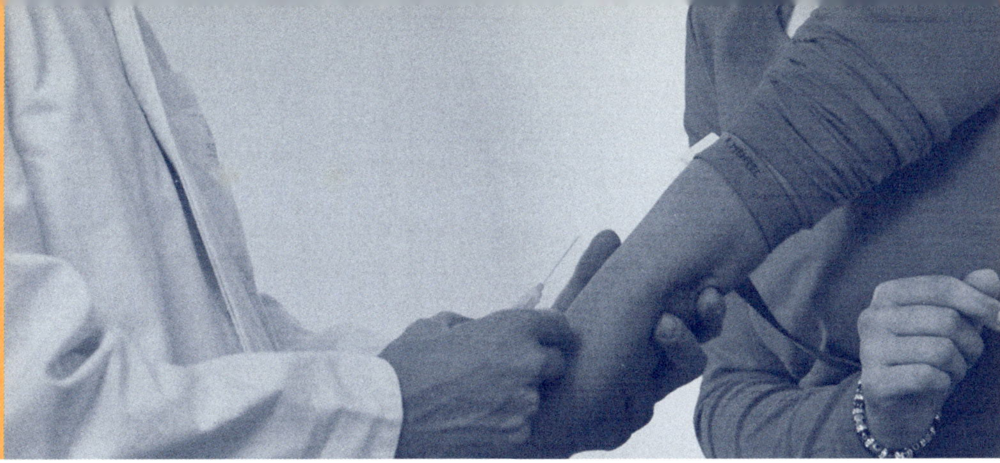

Ein weiteres Messinstrument: Sie sollten während Ihres Trainings jederzeit in der Lage sein, sich mühelos und in ganzen Sätzen unterhalten zu können. Auch hier gilt: Wenn Sie ins Keuchen kommen, laufen Sie in einer Geschwindigkeit, die für Sie noch zu hoch ist und Ihren Körper überfordert. Also: Fuß vom Gas!

» Müheloses Sprechen beim Laufen muss möglich sein. «

Punkt 2: Ihr Bewegungsapparat ist das Maß der Dinge!

Und Ihr Bewegungsapparat hinkt oft weiter hinterher, als Sie denken. Autofahrten, Aufzüge, Meetings, lange Bürotage, Geschäftsreisen hinterlassen tiefe Spuren – der Mensch von heute sitzt viel zu viel und bewegt sich viel zu wenig. Wenn nun einer dieser sitzgestressten Zivilisationsbürger beschließt, mit dem Laufen zu beginnen, kommt es oft sehr bald zu einer unangenehmen Situation: eine Art Überholeffekt mit schmerzhaften Folgen.

Was läuft dabei in unserem Körper ab? Im Kapitel „Ein Wunderwerk aus Fasern – wie unser Muskel funktioniert (siehe Seite 38) wird beschrieben, wie der Muskel sich mit jedem Trainingsreiz verbessert und mehr und mehr aufbaut. Ähnlich funktioniert das auch beim Bewegungsapparat, nur: Bänder, Sehnen und Gelenke sind weitaus schlechter durchblutet, der Nährstofftransport dorthin läuft zähflüssiger und lückenhafter. Der Bewegungsapparat wird sich deshalb langsamer entwickeln als das von Kapillaren nur so strotzende Muskelgewebe.

Nicht gleich aufs Ganze gehen

Wenn Sie also so trainieren, dass Sie das Gefühl haben, Ihre Muskeln sind angenehm gefordert, dann werden Sie mit großer Wahrscheinlichkeit Ihren Bewegungsapparat bald überholen. Das heißt, dass Sie ab diesem Moment Ihren Körper Training für Training überfordern. Und dafür könnten Sie – wie Iris – rasch die Quittung präsentiert bekommen.

Deshalb gilt: Selbst wenn Sie vor 15 Jahren ein noch so toller Langstreckenläufer gewesen sein sollten – an diese alte Form müssen Sie sich Schritt für Schritt erst wieder heranarbeiten.

Punkt 3: Laufen oder walken?

Welche Geschwindigkeit für Sie die richtige ist, kann man bei Trainingsbeginn oft nicht sagen. Wer hätte zum Beispiel darauf gewettet, dass der 60-jährige Mücke als Zweitschnellster unserer sieben in den New Yorker Central Park einläuft und das Kraftpaket Frank als Vorletzter?

Lassen Sie deshalb Ihren Körper entscheiden – er wird Ihnen über den Puls (siehe Seite 34 ff.) signalisieren, was gut für ihn ist. Setzen Sie sich auf keinen Fall selbst unter Druck, weil Sie beispielsweise befürchten, Ihnen gingen zu viele Laufeinheiten verloren, wenn Sie erst einmal nur gehen: Mückes Beispiel zeigt ja, dass es überhaupt kein Problem ist, wenn man die ersten sechs bis acht Wochen walkt und erst dann aufs Laufen umsteigt. Und Anna ist das Exempel für den umgekehrten Weg: Nachdem sie lange mit dem Laufen nicht zurechtgekommen war, entschloss Sie sich, auf Walking umzusteigen.

» Setzen Sie sich nicht selbst unter Druck! «

Punkt 4: Trinken – mehr als nur Durst löschen

Vor allem wenn Sie längere Distanzen laufen, wird das Thema „Trinken" immer wichtiger. Wenn Sie glauben, Sie verlieren nur so viel Flüssigkeit, wie Sie schwitzen, dann unterschätzen Sie Ihren Flüssigkeitsverlust um ein Vielfaches, denn ein großer Teil der Flüssigkeit geht – von Ihnen völlig unbemerkt – über die Atmung verloren.

Laufen Sie an einem trockenen und warmen Tag, hat das für Ihre Lunge eine dem Föhnen vergleichbare Wirkung: Die trockene Luft, die in der Lage ist, sehr viel Flüssigkeit aufzunehmen, strömt durch Ihre Atemwege, saugt sich dort auf dem Weg so richtig voll und verlässt mit der feuchten Last Ihren Körper wieder – mit jedem Atemzug werden so Ihre Schleimhäute trockener und trockener. Daher gilt: Gewöhnen Sie sich ans Trinken – auch wenn Sie (noch) keinen Durst haben.

Oberstes Gebot: Reichlich trinken!

Punkt 5: Die Kosten

Die ideale Laufkleidung sollte aus atmungsaktivem Material sein.

Laufen ist zwar kein so kostspieliger Sport wie etwa Golf, aber ein bisschen was müssen Sie schon investieren, um gut und sicher über die Runden zu kommen.

Die Ausrüstung

Wenn Sie die Kapitel „Code HFQ: Warum sich alles um den Puls drehen muss" (siehe Seite 34 ff.) und „Wunderwerk Fuß – warum das Unterste alleroberste Priorität genießen sollte" (siehe Seite 42 ff.) gelesen haben, dann sind Sie – hoffentlich – zu zwei Basisinvestitionen bereit: zum Kauf einer EKG-genauen Pulsuhr und zum Erwerb von Laufschuhen in einem Fachgeschäft, das eine Laufanalyse anbietet. Und wenn Sie dann in die längeren Distanzen kommen, sollte auch Baumwolle nichts mehr auf Ihrer Haut zu suchen haben: Denn nur die – nicht ganz billigen – Laufshirts aus Mikrofaser transportieren die Körperfeuchtigkeit nach außen, aber auch nur dann, wenn die darüber liegende Schicht – zum Beispiel Ihre Windjacke – ebenfalls aus Microfaser ist.

Sie sehen also: Wenn Sie vernünftig trainieren wollen, kommen schon ein paar Ausgaben auf Sie zu. Für einen Betrag von rund 300 Euro bekommen Sie aber:

- die Gewissheit, dass Sie „laufgesund" sind,
- die Möglichkeit, ständig Ihren Puls kontrollieren zu können,
- ein Paar genau auf Ihre Füße abgestimmte Laufschuhe,
- ein Laufshirt, das weitaus angenehmer ist als ein herkömmliches Baumwollhemd,
- und – wenn es Ihnen so gehen sollte wie unseren sieben aus der Doku-Serie – ein neues Leben als Läufer!

Basisausgaben für Einsteiger

Medizinischer Eingangstest:	ca. 100 bis 150 Euro
Pulsuhr (wichtig: EKG-genau!):	ab 70 Euro
Schuhe (inklusive Laufbandanalyse):	ca. 100 Euro
Laufshirt aus Mikrofaser:	ab 25 Euro

Code HFQ: Warum sich alles um den Puls drehen muss

Willkommen im Epizentrum des Laufwissens: der Herzfrequenz. Sie ist Basis jedes erfolgreichen Trainings, aber auch die Ursache folgenschwerer Fehler. Nehmen Sie sich Zeit, dieses Kapitel zu lesen und beim Training umzusetzen.

Was passiert in Ihrem Muskel, wenn Sie ins Laufen verfallen? Jede einzelne Muskelzelle muss plötzlich viel öfter kontrahieren, weil Ihrem Körper mehr Energie bereitgestellt werden muss und deshalb deutlich mehr Fett oder Kohlenhydrate verbrannt werden. Verbrennung verbraucht Sauerstoff, mehr Verbrennung verbraucht mehr Sauerstoff. Jetzt gibt Ihr vegetatives Nervensystem den Befehl: „Sauerstoffzufuhr erhöhen, Atmung beschleunigen“ – Sie beginnen zu keuchen, weil Sie im gleichen Zeitraum mehr Sauerstoff in Ihre Lungen saugen müssen.

Nun muss auch unser Sauerstofftransportsystem, der Blutkreislauf, höher gefahren werden. Um mehr Sauerstoff als bisher zu den Muskelzellen transportieren zu können, muss das Blut schneller fließen. Der Motor, das Herz, muss dementsprechend schneller pumpen. Die Folge: die Herzfrequenz – Puls genannt – steigt an.

Pulsveränderung im Trainingsverlauf

- Ihr Ruhepuls (bei Normalbürgern 60 bis 70 Schläge/Min.) wird sich verlangsamen;
- Sie werden bei Ihrem Belastungspuls, Ihrem idealen Trainingspuls, immer schneller und immer weiter laufen können,
- Ihre Leistungsgrenze, durch den Maximalpuls gekennzeichnet, wird sich immer weiter nach hinten verschieben. Insgesamt wird Ihr System „Herz“ ständig leistungsfähiger werden.

Der Puls – ein natürliches Messinstrument

Dieses oben beschriebene Zusammenspiel von Atmungsfrequenz und Herzfrequenz ist von elementarer Bedeutung – und an diesem Punkt wird deutlich, was das eine mit dem anderen zu tun hat: Der Atem ist nämlich so etwas wie Ihre eingebaute Pulsuhr. Wenn Sie beim Laufen ruhig atmen beziehungsweise sprechen können, ist das der Beleg dafür, dass Ihre Herzfrequenz niedrig ist – Sie laufen anstrengungs- und risikofrei.

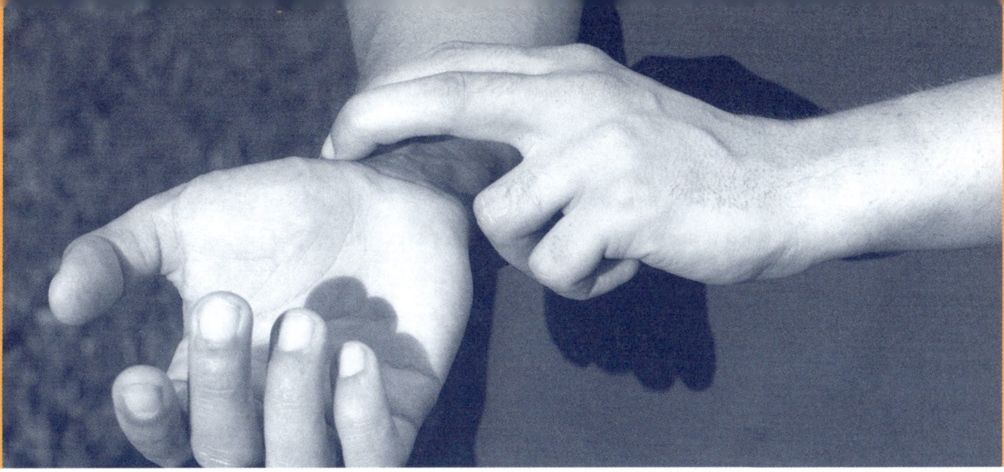

Der Komplex „Puls“ wird vor allem von drei Begriffen bestimmt: Ruhepuls, Belastungspuls und Maximalpuls. Alle drei Werte werden sich im Laufe Ihres Trainings verändern.

Bei der Frage, wie diese drei Basisbereiche festgelegt beziehungsweise gemessen werden, gehen die Expertenmeinungen auseinander:

- Belastungspuls = 180 minus Lebensalter plus/minus 10 Schläge.
- Oder: Der Belastungs- oder Trainingspuls sollte bei 65 bis 85 % des Maximalpulses liegen.

Die Wessinghage'sche Messmethode

Thomas Wessinghage lehnt solche Rechenspiele entschieden ab, denn „jeder Mensch ist anders, mit ganz individuellen Voraussetzungen und Einschränkungen. Deshalb darf man seinen Leistungsbereich nicht über eine banale Universalformel bestimmen.“

Da Herzfrequenz und Atmung zusammenhängen, wird der Bereich des Belastungspulses folgendermaßen festgelegt:

- Sie laufen mit der Atem-Schritt-Regel (einmal Ein- und Ausatmen innerhalb von acht Schritten, das Sprechen ganzer Sätze ist mühelos möglich) und messen per Pulsuhr Ihre Herzfrequenz – das ist Ihr erster Anhaltspunkt, in welchem Herzfrequenzbereich Ihre ruhigen Dauerläufe stattfinden sollten. Exaktere Werte liefert ein Laktattest. Auf jeden Fall sollten Sie Ihren ermittelten Belastungspuls von Ihrem Arzt absegnen lassen!

Den Ruhepuls bestimmen Sie am besten so:

- Messen Sie morgens vor dem Aufstehen mithilfe der Pulsuhr Ihre Herzfrequenz. Machen Sie das während der Trainingszeit immer mal wieder und beobachten Sie, ob sich Ihr Ruhepuls verändert. Aber es kann dauern, bis Sie hier eine Veränderung feststellen!

Und der Maximalpuls, den Sie bei voller Belastung erreichen? Eigentlich müssen Sie ihn nicht kennen, da Sie Ihre Leistungskurve ja unerreicht vor sich herschieben sollen. Wer es aber trotzdem wissen will: Beim Laktattest bekommt man die genauesten Werte.

Was ist Laktat? - dem Müdemacher auf der Spur

Nochmals zurück zum Verhältnis von Atem und Puls: Je mehr Leistung erbracht werden muss, desto mehr Sauerstoff muss auch bereitgestellt werden und umso stärker kommen Sie ins Keuchen. Doch dieses System hat natürliche Grenzen.

Wenn der Körper aber dennoch mehr leisten muss, zum Beispiel in Extremsituationen, kommt ein faszinierender Ausweichprozess in Gang: Der anaerobe Stoffwechsel. Sein Kennzeichen: Die Produktion eines sagenumwobenen Stoffs, des Laktats.

Unser Körper ist ein hochintelligentes System, das nach logischen Kriterien unterschiedlichste Automatismen in Gang setzt beziehungsweise abschaltet. So ist das auch mit dem Energiestoffwechsel. Weil einem so viel Unterschiedliches im Leben passieren kann, ist unser Stoffwechsel seit Urzeiten auf mehrere Standardsituationen eingerichtet. Sie erinnern sich bestimmt an unsere Steinzeit-Matrix (siehe Seite 21):

- **Standardsituation 1:** Der Steinzeitjäger trabt tagelang hinter einem verletzten Mammut hinterher.
- **Standardsituation 2:** Unser Jäger sollte schneller am Ziel sein als die Konkurrenz.
- **Standardsituation 3:** Ein Raubtier bricht durch die Büsche.

Wenn der Sauerstoff nicht mehr ausreicht

Wenn unser gejagter Jäger mehr als nur ein paar Schritte zum nächsten Baum hat, läuft im Körper folgender Mechanismus ab: Der Spurt lässt den Puls schlagartig nach oben schnellen, unser Mann beginnt zu keuchen, je schneller er läuft, umso mehr. Diese zunehmende Atemlosigkeit ist das Zeichen dafür, dass nicht mehr ausreichend Sauerstoff nachgeliefert werden kann – jetzt muss sein Körper auf Alarmstufe Rot umschalten und zum allerletzten Mittel greifen: Er verheizt die Kohlenhydrate ohne Sauerstoff – anaerob, wie die Fachleute dazu sagen.

Das Problem mit der Milchsäure

Bei dieser sauerstofflosen Verbrennung entsteht nun ein anderes Abfallprodukt als üblich, nämlich Milchsäure statt – wie bei der aeroben Verbrennung – Kohlendioxid und Wasser. Das Problem dabei: Milchsäure lähmt die Muskeln, sie setzt – Muskelzelle für Muskelzelle – die Kontraktion außer Betrieb. Dieses zerstörerische Werk kommt nur dann in Gang, wenn der Körper mehr Milchsäure produziert, als er abbauen kann.

Bei unserem Steinzeitjäger kein Problem: Er sitzt nach ein paar Sekunden Spurt auf seinem Baum und sein Körper kann sich an den Laktatabbau machen. Bei einem Langstrecken-Läufer jedoch, der mit zu hohem Puls und mit Atemnot läuft, sieht das wesentlich dramatischer aus: Sein Körper produziert und produziert Milchsäure, kommt aber mit dem Abbau nicht mehr hinterher. Denn der Körper kann maximal 4 mmol Milchsäure pro Liter Blut verarbeiten, man sagt dann, er ist an der „anaeroben Schwelle“.

Was regelmäßiges Training bewirken kann

Als zum Beispiel Michael seinen ersten Laktattest machte, produzierte er bei einem Lauftempo von 10 km/h sage und schreibe 10 mmol/l Laktat, das Zweieinhalbfache dessen, was sein Körper verarbeiten kann. Wäre er weitergelaufen, hätte er zunächst „schwere Beine“ bekommen, kurz danach wäre gar nichts mehr gelaufen: Seine Muskeln hätten sich verkrampft, er wäre gegen „die Wand gerannt“, wie es in Läuferkreisen heißt.

Je mehr aber Michael nun trainierte, umso mehr gewöhnte sich sein Körper an die Belastung – dieselbe Geschwindigkeit lief er künftig mit immer niedrigerem Puls. Die Folge: Seine Laktatproduktion wurde – bei derselben Geschwindigkeit – immer geringer. Oder anders gesagt: Die 10 mmol/l, die er beim ersten Test bei 10 km/h hatte, wird sein Körper erst dann produzieren, wenn Michael deutlich länger deutlich schneller läuft. Das ist einer der Effekte, die man „Training“ nennt.

Um den Laktatwert zu bestimmen, wird dem Ohrläppchen etwas Blut entnommen.

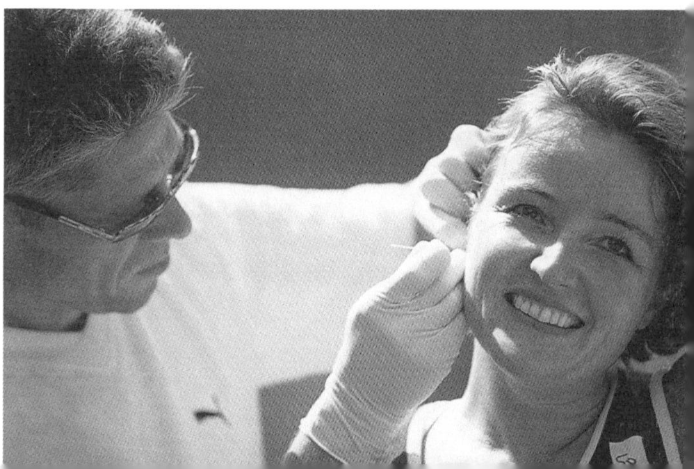

Wunderwerk aus Fasern – wie der Muskel funktioniert

Der kenianische Spitzenläufer Rodgers Rop, der in New York fünf Stunden vor Anna ins Ziel kam, unterscheidet sich in einem Punkt nicht von der Hamburgerin: Beide verfügen über exakt die gleiche Anzahl Muskeln.

Der Vergleich Rodgers Rop und Anna zeigt: Durch Training entstehen keine neuen Muskeln – die bestehenden werden lediglich ausgebaut und ihr Volumen nimmt zu. Die Aufgabe des Körpers besteht nun darin, Baumaterial zu all jenen Stellen zu karren, an denen Ausbauarbeiten am Muskel stattfinden.

Muskelaufbau durch Training

Beim Muskelaufbau erweitert der Körper zunächst einmal das Zubringersystem, die Kapillaren, die kleinste Einheit der Blutgefäße. Dieses System feiner und feinster Röhrchen verzweigt sich innerhalb der Muskulatur – würde man sie hintereinander reihen, könnte man allein mit den Kapillaren eines Menschen den Äquator zweimal umspannen.

Wenn nun dem Körper signalisiert wird: „Ab sofort wird dieser Muskel öfter gebraucht!“, beginnen sich die Kapillaren zu strecken und neu zu verzweigen. Durch regelmäßiges Training können sie um bis zu 40 % zunehmen. Diese Zunahme bewirkt, dass der Körper nun deutlich schneller als vorher Baustoffe zu den Muskeln bringt und so dort die Muskelberge vergrößern kann. Übrigens: Beim Laufen nutzen Sie über 80 % Ihrer Muskeln. Wenn Sie dabei auch noch Grimassen machen und mit Ohren und Nasenflügeln wackeln, nähern Sie sich ganz schnell sogar den 100 %.

» Beim Laufen nutzt der Mensch über 80 % seiner Muskeln. «

Auf unserer Marathon-Webseite können Sie in einer Animation sehen, wie man sich das Prinzip des Muskelwachstums vorstellen kann. Die zentrale Botschaft dieses komplexen Vorgangs aber lautet: Der Körper ist ein Reaktionär! Er ist nicht die aktivistische Avantgarde, er tut nur etwas, wenn er muss.

Trainingsproblem Nummer 1: der Muskelkater

Was passiert, wenn man zu viel vom Körper verlangt? Wenn er zu schnell zu viele Muskeln aufbauen soll? Das endet – mikroskopisch betrachtet – in einem Desaster, dessen Name jeder kennt: Muskelkater.

Wie ein Muskelkater entsteht

Auf unserer Internetseite zeigen wir in einer Animation, welche Vorgänge hinter dem Begriff „Muskelkater" stecken.

Hier kann man sehr gut sehen, dass Muskelkater eigentlich ein Werk der Zerstörung ist: Wir haben unserem Bewegungsapparat mehr zugemutet, als er gewohnt ist. Jetzt reagiert er – im wahrsten Sinne des Wortes – verletzt: Das Muskelgewebe ist überall verkrampft oder überdehnt, unzählige Risse durchziehen die einzelnen Fasern. Aber: Nach zwei bis drei Tagen wird der Körper diese Stellen nicht nur repariert, sondern darüber hinaus auch optimiert haben – schließlich hat er ja einen Trainingsreiz erhalten, also die Information, dass das entsprechende System zur Zeit besonders gebraucht wird.

Wenn aber nach drei Tagen das verbesserte System immer noch nicht der größeren Belastung standhält, der nächste Muskelkater also ins Haus steht – was passiert dann im Körper? Dann rücken die Reparatureinheiten erneut aus und verbessern noch ein bisschen mehr. Und so werden die beanspruchten Muskeln, Sehnen oder Bänder Schritt für Schritt, Trainingsreiz für Trainingsreiz, der Belastung angepasst.

Wenn der Muskelkater Sie quält ...

- lindern Eis oder kaltes Wasser die Schmerzen,
- helfen Wechselbäder bei der Regeneration,
- sollten Sie nur leichtes Bewegungstraining und Dehngymnastik durchführen.

Trainingspausen ermöglichen es dem Körper, zu regenerieren.

Trainingspausen müssen sein

Es kann natürlich vorkommen, dass man zu früh weitertrainiert, dass man schon wieder läuft, obwohl die Brigaden noch bei der Arbeit sind – und deshalb mit dem Reparieren nicht mehr hinterherkommen. Wenn die Trainingsreize zu dicht aufeinander folgen, ist man „übertrainiert". Aus diesem Grund ist es so ungemein wichtig, zwischen den einzelnen Trainingseinheiten immer Pausen einzulegen. Als Laufanfänger müssen Sie also lernen, das Training als raffinierte Abfolge von Reiz und Pause zu begreifen.

Zu lange Trainingspausen schaden

Aber auch im umgekehrten Fall, wenn man also die Reize nicht zu dicht setzt, sondern die Pausen ausdehnt, wehrt sich der Körper. Wenn man nämlich nach einer längeren Trainingsphase plötzlich nichts mehr tut, dann ist das für den Körper das deutliche Signal: Dieser Muskel wird nicht mehr so intensiv gebraucht!

Da der Körper ein intelligent wirtschaftendes System ist, reagiert er sofort und passt sich dem neuen Anforderungsprofil an: Überflüssige Muskelpakete werden als Materialsteinbruch für andere Baustellen freigegeben. Das heißt: Der Körper beginnt, die mühsam aufgebauten Muskeln wieder abzubauen, und Sie sind ganz schnell wieder auf dem Level angelangt, auf dem Sie vor Trainingsbeginn waren – selten wirkt ökonomische Effizienz so frustrierend wie hier.

Ein weiteres Trainingsproblem: der Krampf

Ein weiterer, äußerst unbeliebter „Star" im Zirkus Muskel ist der Krampf: Den meisten von Ihnen wird er kein Unbekannter sein. Einer, der sich mit Krämpfen besonders gut auskennt, ist Frank. Am entscheidenden Tag X, dem New York City Marathon, wurde er von nicht weniger als 40 Krampfattacken gepeinigt. Oder waren es 50? Frank weiß es selber nicht mehr: „Ich stand jedenfalls alle naslang am Straßenrand und dehnte meine Muskeln."

Wie entsteht ein Muskelkrampf?

Das Mysteriöse am Krampf ist: Obwohl er eine der am häufigsten auftretenden Sportbeschwerden ist, weiß die Wissenschaft kaum etwas über ihn. Dementsprechend spekulativ ist auch unsere Internet-Animation, die verdeutlichen soll, was in einem verkrampften Muskel vor sich geht.

Eine Studie bei 1300 Marathonläufern ergab zum Beispiel eine breite Palette von möglichen Ursachen: Alter, lange Laufkarriere, hoher Body-Mass-Index, zu kurzes oder falsches Aufwärmtraining, Vererbung, Muskelmüdigkeit ... kurz: Alles Mögliche kann einen Muskelkrampf auslösen.

» Im Falle eines Krampfes ist das Dehnen der betroffenen Muskeln die beste Soforthilfe. «

Ein unangenehmes Phänomen mit vielen Ursachen

Zur Zeit favorisieren Wissenschaftler folgende These: Krämpfe werden durch eine gesteigerte Aktivität der Nervenbahnen hervorgerufen. Trifft diese gesteigerte Aktivität nun aber auf ermüdetes Muskelgewebe, kommt es zu einer Anhäufung von Befehlen, zu einer Art „Befehlsgewitter“, mit dem der Muskel nicht mehr fertig wird – er gerät außer Kontrolle.

Die Frage, warum Frank in New York zwischen Kilometer 23 und 42 von einer Krampfattacke in die nächste fiel, kann also nicht restlos geklärt werden: War es zu wenig Schlaf, die Zeitumstellung, ungewohnte Nahrung? Möglicherweise hat er aber auch eine Veranlagung zu Krämpfen. Denn bereits beim 30-Kilometer-Test in Damp wurde er von einem Krampf geplagt. Und auch bei seinem zweiten Marathon, ein halbes Jahr nach New York, erwischte es Frank wieder – diesmal hatte er aber Glück: Der Krampf kam erst kurz vor dem Ziel.

Regelmäßiges Dehnen vor und nach dem Training hilft, Krämpfen vorzubeugen.

Der Fuß – Unterstes mit oberster Priorität

Auf ihnen ruht alles: Unsere Füße sind ein hochkompliziertes Funktionssystem, das tagtäglich eine gewaltige Leistung erbringen muss. Deshalb sollten wir ihnen besonders viel Aufmerksamkeit und Pflege gönnen.

Wissen Sie, was Ihre Füße im Laufe eines Marathon-Vorbereitungsjahres aushalten müssen? Es ist zwar immer wieder dieselbe Formel, doch es ist überraschend, welche Größenordnungen bei dieser Rechnung herauskommen: zwischen 252 857 und 379 285 Tonnen – vorausgesetzt, Sie haben eine Schrittlänge von 70 Zentimetern und – wie zum Beispiel Anna-Freda – ein relativ konstantes Gewicht von 59 Kilogramm. Dann machen Sie nämlich im Verlauf Ihrer 1500 Trainingskilometer 2 142 857 Schritte. Und da Ihr Fuß bei jedem Aufsetzen das Zwei- bis Dreifache des Körpergewichts aushalten muss, kommt es zu dieser beeindruckenden Summe.

Diese Zahlenspielerei zeigt eines in anschaulicher Brutalität: Wenn Ihr Laufschuh beim Training zum Beispiel nicht die optimale Dämpfung aufweist, dann geht das auf Bänder, Sehnen und Gelenke – und zwar über 2 Millionen Mal!

Der Fuß – ein Meisterwerk der Natur

Der erste Schritt Ihrer Laufkarriere sollte also ein mentaler sein: Lernen Sie begreifen, welches Wunderwerk Sie ganz da unten besitzen, und erweisen Sie ihm Referenz – Ihr Fuß ist ein hochkomplexes, wunderbares und zuverlässiges System.

Um Ihnen einen Eindruck zu verschaffen, wie hochkomplex, wie wunderbar und wie zuverlässig dieses System arbeitet, dient Franks Bänderriss als gutes Beispiel – vor allem, wenn man den Unfall durch eine völlig andere Brille betrachtet!

Zur Erinnerung: Für Frank gab es am Ende des fünften Monats beim Training eine böse Überraschung: „Ich registrierte, dass der Weg steiniger wurde, und wie ich daran denke, trete ich auch schon auf einen dicken Stein und knicke um".

Nehmen wir einmal an, es wäre – ab Trainingsbeginn gerechnet – der 500 000ste Schritt gewesen, der Franks Bänder reißen ließ: Das

bedeutet aber, dass Franks Fuß – mit freundlicher Unterstützung seines Gehirns – 499 999-mal davor mit traumwandlerischer Sicherheit Anstellwinkel berechnete, Bodenunebenheiten ausglich und genügend Schwung aus der Bewegung zog, um in den nächsten Schritt zu fliegen.

499 999 zu 1: Bei welchem Hightechsystem finden Sie sonst ein solches Verhältnis von Funktionieren zu Versagen? Und vergessen Sie dabei bitte nicht: Frank war ja der Pechvogel der Gruppe! Bei Läufern wie Anna-Freda, Mücke oder Dieter – die bis heute verletzungsfrei sind – liegt der Quotient sogar bei mehreren zig Millionen zu 1. Nicht nur Maschinenbauer und Ingenieure geraten da mit Recht ins Schwärmen!

Wunderwerk Fuß

Rund 6 % aller Muskeln und unglaubliche 25 % aller Knochen des Körpers spielen hier auf kleinstem Raum zusammen, geführt und gehalten von über 200 Bändern.

Der richtige Laufschuh

Schuhe, die perfekt passen und den Fuß beim Laufen optimal unterstützen – und so möglichen Verletzungen und Schmerzen vorbeugen können –, sind die wichtigste Anschaffung für jeden Läufer.

Ein Beispiel dazu: Iris. Sie kennt den Zusammenhang zwischen Schuh und Schmerz nur zu gut. Iris bekam gleich zu Beginn des Trainings Hüftschmerzen. Der Grund: Ihr linkes Bein ist seit einem Motorradunfall vor vielen Jahren etwas kürzer, die Hüfte wurde durch das Laufen ungleich belastet und rebellierte. Deshalb bekam Iris Einlagen. Leider – wie sich herausstellen sollte – nicht die richtigen.

Der Schuh muss optimal zu Ihrem Fuß passen.

Die Folge: Bereits nach zehn Tagen stellten sich starke Schienbeinschmerzen ein; bis die eigentliche Ursache erkannt und der Fehler behoben war, gingen wiederum einige Tage ins Land, und dann dauerte es noch einmal einige Zeit, bis Iris wieder schmerzfrei war.

Alles in allem wurden über sechs Wochen daraus – sechs Wochen, in denen Iris nicht nur im Training zurückfiel, sondern auch sechs Wochen starke Schmerzen und Ungewissheit. Und was Iris am meisten erboste: Es waren sechs Wochen Pein, die man ihr durch richtige Einlagen hätte ersparen können.

Pronation und Supination

- Das Pronieren (aus dem Lateinischen: vorwärts neigen) ist eine Bewegung des unteren Sprunggelenks. Durch eine leichte Kippbewegung nach innen wird der Schwung beim Laufen abgefedert. Es ist ein natürlicher Dämpfungsmechanismus.
- Von Supination (vom lateinischen „supinare“: zurücklehnen) oder Unterpronation spricht man, wenn beim Laufen der äußere Fußrand stark belastet wird. Dadurch knickt das Sprunggelenk nach außen ab.

Worauf es beim Schuhkauf ankommt

Iris Beispiel zeigt: Der Fuß ist ein hochsensibles System, das keine Fehler verzeiht. Schon nach kurzer Zeit reagiert er zum Beispiel auf nicht optimales Schuhwerk. So viel zu der weit verbreiteten Haltung, für die erste Zeit täten es noch die alten Treter.

Allerdings: Ein Schuh ist überhaupt nicht bloß deshalb gut, weil er neu ist. Oder teuer. Oder ehemals teuer und jetzt im Sonderangebot. Ein Schuh muss zu Ihrem Fuß passen. Wenn Sie zum Beispiel den Außenrand des Fußes stärker belasten (Supination), dann brauchen Sie einen völlig anderen Schuh als bei Pronation, wenn Sie also beim Aufsetzen nach innen abknicken. Oder wenn Sie eine neutrale Fußhaltung haben.

Der ideale Laufstil

Ist mit dem optimal passenden Laufschuh diesem Wunderwerk Fuß nun genügend Referenz erwiesen? Oder muss man seinen Anforderungen auch noch in einem weiteren Punkt entgegenkommen, in einer Optimierung des Laufstils beispielsweise? Eine Frage, die in der Läuferwelt heiß diskutiert wird: „Vorfuß“ versus „ Ferse“ heißen die beiden Lager.

- Beim Vorfußlaufen berührt die Zehenregion zuerst den Boden – der Schritt wird so durch den Vorfuß weich abgefangen.
- Beim Fersenlaufen setzt die Ferse zuerst auf dem Boden auf. Der Bewegungsablauf erfolgt in diesem Fall etwas abrupter und heftiger.

Vorfußläufer oder Fersenläufer

Zu der Frage, welcher Stil denn nun der bessere oder der natürlichere sei, hatte Thomas Wessinghage für unsere sieben Läufer damals zwei Antworten parat:

- **Antwort 1:** „Laufen Sie einmal ohne Schuhe und beobachten Sie, wie Sie aufsetzen! Mit der Ferse? Nein! Denn von der Natur her sind Sie Vorfußläufer, weil die Ferse keinerlei Dämmeigenschaften hat. Diese Dämpfungshilfen kann allein der Schuh bieten.“
- **Antwort 2:** „Bei Laufanfängern sucht sich der Körper den richtigen Schritt von selbst – egal ob Vorfuß oder Ferse. Wer dagegen sportlich ambitioniert ist, sollte sich schon nach einer gewissen Zeit einmal Gedanken über den optimalen Laufstil machen.“

Das Fazit: Als Laufanfänger brauchen Sie sich Ihren Kopf darüber, was der richtige Laufstil ist, noch nicht zu zerbrechen.

Die Zwischensohlen des Laufschuhs dämpfen.

Zu dick zum Laufen? Nicht wenn man's wie Mücke macht

Karl-Heinz, 52, ist deutlich zu dick. Stiernacken, gewaltige Oberarme und Oberschenkel und dazwischen ein alles überwölbender Bauch. Was tun? Einfach mit dem Laufen beginnen?

Karl-Heinz hat ein Problem: Er hat zwei sich – scheinbar – widersprechende Hausarztmeinungen im Kopf:

- Die eine: „Wenn Sie jetzt nicht endlich beginnen, etwas für sich zu tun, dann ist ein Herzinfarkt oder Schlaganfall vorprogrammiert."
- Die andere: „Wenn Sie mit Ihrem Übergewicht jetzt zu laufen beginnen, werden Sie massive Gelenk- und Bänderprobleme bekommen!"

Er weiß nun also, was ihn erwartet, wenn er etwas tut. Und er weiß, was ihn erwartet, wenn er nichts tut.

Bestandsaufnahme

Karl-Heinz ist zu Recht verwirrt: Was soll er denn nun machen? Am besten wohl, er betrachtet erstmal seine Situation: 1,74 Meter groß und 94 Kilo schwer. Mit der Formel: Körpergewicht geteilt durch Körpergröße mal Körpergröße errechnet er seinen Body-Mass-Index (BMI):

$$\frac{94\ \text{kg}}{1{,}74\ \text{m} \times 1{,}74\ \text{m}} = \text{BMI } 31$$

Bei Männern sollte der BMI zwischen 20 und 25, bei Frauen zwischen 19 und 24 liegen. Ab 25 ist man mäßig übergewichtig, ab 30 übergewichtig/fettleibig, ab 40 massiv fettleibig.

Der BMI von 31 ist so für Karl-Heinz ein erstes schockierendes Ergebnis. Ihm wird zum ersten Mal so richtig klar, dass seine Rettungsringe nicht nur ein ästhetischer Mangel sind, sondern sehr viel mehr: eine Bedrohung seines Lebens.

Doch Karl-Heinz ist entschlossen, zu handeln. BMI 25 würde er gerne erreichen. Er rechnet aus, dass er dazu circa 76 Kilo wiegen müsste. Das heißt: Er würde 18 Kilo abnehmen müssen! Der nächste Schock – gäbe es da nicht „Mückes" Erfolgsgeschichte.

Mückes Erfolgsstory als Motivation

„Mücke“ hatte einen noch schwierigeren Start als Karl-Heinz. Der 60-Jährige wog zu Beginn unseres Fernsehexperiments 89 Kilo bei einer Größe von 1,67 Metern – das ergab einen BMI von stolzen 31,9. Dazu kam noch ein viel zu hoher Blutdruck.

Mücke war für Thomas Wessinghage ein wirklich schwieriger Fall. Zunächst jedenfalls. Für die ersten Wochen erteilte er Mücke Laufverbot, mit Walking sollte er sich erst einmal an eine regelmäßige Belastung gewöhnen, sein Puls sollte dabei 120 nicht überschreiten. Somit war klar: Es würde Mückes Körper sein, der das Signal für den Wechsel vom Walking zum Jogging geben würde: Erst wenn er auch mit Laufen nicht über diese 120er-Grenze käme, würde es so weit sein.

Die schlechtesten Startbedingungen – doch Mücke machte sich fröhlich-optimistisch ans Training mit der angezogenen Handbremse und stellte auch noch seine Ernährung um – ohne zu hungern: „Ich aß sogar öfter als früher; ich hatte nur einiges hinzugefügt und einiges weggelassen“:

- kein Fett, kein Bier, kein Schnaps, kein Weißbrot, nichts Süßes;
- dafür viel Obst, Gemüse, Fisch, Huhn und Pute, Nudeln, Reis, Kartoffeln, Körner aller Art. Und viel Wasser – drei Liter pro Tag.

Und viermal pro Woche walken und „gutes“ Essen bewirkten bei Mücke ein Wunder: nach vier Monaten wog er nur noch 73 Kilo, sein BMI war 26,2. Und jetzt konnte er Gas geben: acht Monate später lief er den New York Marathon in viereinhalb Stunden als Zweitschnellster der sieben.

Erst abnehmen, bevor es richtig losgeht!

Für Karl-Heinz ist Mückes Erfolgsstory als Motivation ungeheuer wichtig. Denn auch er muss zunächst mal viel Gewicht verlieren, bevor er seinen Gelenken längeres Laufen zumuten kann. Eine kleine Rechnung verdeutlicht, welche Tortur es für seinen Bewegungsapparat wäre, wenn er jetzt sofort nach Trainingsplan 1 losliefe.

Karl-Heinz weiß: Seine Gelenke in Bein und Fuß müssen beim Laufen das Zwei- bis Dreifache seines Körpergewichts auffangen. Bei seinen 94 Kilo heißt das: Bei jedem Schritt muss sein Bewegungsapparat zwischen 188 und 282 Kilo abfedern. Bei 76 Kilo wären das schon bedeutend weniger: zwischen 152 und 228 Kilo.

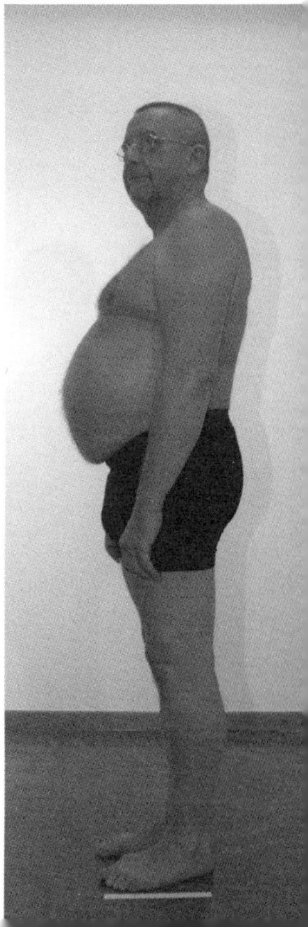

Zu alt? Nicht für den New York Marathon!

New York City, 2. 11. 2003. Weltklasseläufer Fauja Singh hatte einen lausigen Tag. Am Ende war er 1:23 hinter seiner Bestzeit zurückgeblieben. Mit 7:23:57 – 12 Minuten hinter Anna – lief er im Central Park ein.

Nur: Fauja Singh war 92 Jahre alt! Anna war dieser eindrucksvolle Mann mit dem Sikh-Turban und dem mächtigen weißen Bart in New York gleich aufgefallen: „Unglaublich! Was der in seinem Alter geleistet hat, das hat mich lange beschäftigt".

Deshalb griff auch ein großer Sportartikelhersteller zu und machte den greisen Engländer zur Ikone einer großen Werbekampagne: „6:54 mit 89 Jahren, 5:40 mit 92. Die Kenianer sollten sich in Acht nehmen, wenn er 100 wird" heißt es in der Anzeige. Die 5 Stunden und 40 Minuten war der 4-fache Vater und 13-fache Großvater beim Toronto Marathon gelaufen: Weltbestzeit in seiner Altersgruppe.

Ein anderes Beispiel: Friedegard Liedtke aus Deutschland – Gewinnerin der New York Marathons 1996 bis 2002 in Folge, in ihrer Altersgruppe! Sie war beim ersten Sieg 80, beim vorerst letzten 86 Jahre alt. 2002 lief sie die 42 Kilometer in 7 Stunden und 51 Minuten.

Laufen erhält die Leistungsfähigkeit

Friedegard Liedtke und Fauja Singh sind zwei gute Beispiele für ein positives Anti-Aging. Das ist kein Um-alles-in-der-Welt-jung-bleiben-Wollen, sondern hier haben sich zwei alte Menschen einfach ihre Leistungsfähigkeit erhalten. In einem Alter, in dem so viele in Pflege- oder Altenheimen liegen, reisen die beiden um die ganze Welt und laufen in den aufregendsten Städten Marathon – was für ein Lebensabend!

Aber was ist mit denen, die in ihrem Leben nie so richtig den Hintern hochbekommen haben? Weil da immer die Kinder waren oder ein anstrengender Job! Und wenn man dann mal Zeit hatte, dann wollte man sie nicht einsam laufend verbringen, sondern mit Familie und Freunden. So wie es auch bei Mücke war. Als er mit 60 Jahren zum Marathon fand, war er das krasse Gegenstück zu einem Läufer; Mücke war ein „Hocker", ständig auf Meetings, im Büro oder im Auto. Doch das hielt ihn nicht davon ab, sein Leben in die Hand zu nehmen und zu ändern.

Für das Marathonlaufen ist es nie zu spät!

„Laufgesund"? – dann legen Sie los!

Um keine Zweifel aufkommen zu lassen: Alter muss als Faktor ernst genommen werden, so ernst, dass man unbedingt mit seinem Arzt darüber sprechen sollte, bevor man zu laufen beginnt. Doch wenn er sie als „laufgesund" einstuft, was sollte Sie dann an einer Laufkarriere hindern? Kein Mensch verlangt von Ihnen, dass Sie eine bestimmte Strecke in einer bestimmten Zeit zurücklegen! Schaut man die New-York-Endzeiten von Friedegard Liedtke und Fauja Singh an, dann sieht man, dass die beiden weite Strecken gewalkt bzw. gegangen sind – na und? Sie haben New York gemacht! Das ist es, was zählt.

Marathon – die ideale Sportart im Alter

Das unterscheidet Marathon von vielen anderen Sportarten: Es ist keine Sportart, die man auch im Alter noch ausüben kann, es ist vielmehr eine, die viele erst im Alter entdecken. Die Jüngsten kommen so um 40 auf den Geschmack, wenn ihnen z. B. auf dem Fußballfeld immer häufiger die Puste ausgeht – im Fußball ist man dann offiziell ein „alter Herr".

Das heißt: In einem Alter, in dem die Karrieren der Kurzzeitbelaster enden, fangen Marathonkarrieren erst an! Jetzt ist der Körper stärker als früher auf Ausdauerbelastung programmiert und lange Läufe sind ein begnadeter Trick, um dem Zeitenlauf ein Schnippchen zu schlagen: Während andere durch zunehmende kleine Zipperleins einen Vorgeschmack auf kommende körperliche Gebrechen erleben, kehren Sie die Zeit um und erleben, dass Sie Monat für Monat leistungsfähiger werden, länger und weiter laufen; ständig sportlicher, eben: jünger werden. Stellen Sie sich vor, welchen Unterschied es macht, mit diesem positiven Grundgefühl in das 5. oder 6. Lebensjahrzehnt zu laufen, während andere bangen, was es bringen könnte: Krebs? Infarkt? Diabetes? So wie damals Mücke. Und diese vermeintlichen Aussichten machten aus dem lebensfrohen einen depressiven Mann. Das Laufen war seine Wiedergeburt. „Lebensretter" nennt er deshalb alle, die ihn auf seinem Weg zum Marathon unterstützten.

» Laufen war meine Wiedergeburt! «

Diese wunderbaren Effekte werden auch durch wissenschaftliche Untersuchungen gestützt: Ausdauertraining führt zu einer Verminderung der altersbedingten Leistungrückgänge, heißt es z. B. in der Deutschen Zeitschrift für Sportmedizin (12/2001): „Selbst jahrzehntelang untrainierte Personen können ... in einen Leistungsstand zurückgeführt werden, der zwei Jahrzehnte jüngeren, untrainierten Personen entspricht".

Walking-Treff
engelhorn
sports
1011
asics
Wir schaffen das
engelhorn
sports
1000
asics

Teil C

»Jetzt sind Sie an der Reihe

Versuchen wir´s nicht schönzureden: Was da auf Sie zukommt, ist schon ein großes Stück disziplinierter Arbeit, keine Frage. Aber schließlich wollen Sie ja auch die härteste olympische Laufdisziplin knacken, oder?

„von-null-auf-42" – das Training

Diese 42 195 Meter sind nicht deshalb ein Mythos geworden, weil man sie so eben mal läuft – Marathon ist eine Ausnahmedisziplin. Das ändert auch nicht die Tatsache, dass jeder gesunde Mensch das schaffen kann.

Einen Marathon muss man sich erarbeiten! Wenn Sie es dann allerdings geschafft haben, sind Sie in einer beneidenswerten Lage: Zum einen haben Sie etwas geleistet, was Ihnen großes Renommee einbringt, zum anderen können Sie entscheiden: Will ich auf diesem Level bleiben und – wie Mücke – meine zwei Marathons pro Jahr machen? Will ich vielleicht sogar auf Triathlon trainieren? Oder will ich mein Niveau etwas tiefer schrauben – um es bei Bedarf wieder auf Marathon zu heben?

Überfordern Sie sich nicht!

Denken Sie daran: Unsere sieben Kandidaten haben das Pensum gepackt – mit allen Höhen und Tiefen. Und die Tiefpunkte werden auch Sie ganz sicher haben. Wenn Sie zum Beispiel krank werden oder sich verletzen sollten; machen Sie dann bitte keinen Fehler! Stoppen Sie das Training, bis Sie wieder gesund sind. Setzen Sie sich in diesen Phasen nicht selbst unter Druck. Keine Sorge: Sie schaffen den Anschluss an den Trainingsplan wieder – Frank, Iris und Anna haben das trotz längerer Auszeiten auch gepackt.

» Die Hauptsache ist, Sie bleiben in Bewegung! «

Dranbleiben ist alles

Doch was ist, wenn Sie in eine Situation kommen, in der Sie definitiv die Zeit nicht haben oder im Büro so stark beansprucht werden, dass Sie spüren, dieser Trainingsumfang wäre eher kontraproduktiv? Schalten Sie dann um auf das „Regenerationswochen-Programm":

- Laufen Sie nur 3- bis 4-mal die Woche. Laufen Sie z. B. 60 statt 90 Minuten in Monat 5, 80 statt 135 Minuten in Monat 9, 50 statt 120 Minuten in Monat 12.
- Schneiden Sie am Sonntag die Spitzen ab und laufen Sie deutlich kürzer.
- Und wenn Sie sich selbst mit dem reduzierten Programm körperlich überfordert fühlen: Dann walken Sie Ihr Programm eben ab!

Die richtige Ernährung

Noch ein paar Gedanken zum Thema „Ernährung“. Vielleicht gehören Sie ja auch zu jenen, die sagen: Wenn ich nun schon damit beginne, gesund zu leben, dann aber gleich richtig – und als Allererstes eine Diät vorschalten. Grundsätzlich ist dagegen nichts einzuwenden, aber: die Richtung muss stimmen!

- **Punkt 1:** Wer eine Diät macht, sollte sie auch nötig haben, z. B. weil das Laufen eine zu große Belastung für die Gelenke wäre. Darüber sollten Sie mit Ihrem Arzt sprechen, am besten bei der sportmedizinischen Eingangsuntersuchung. Die Selbstdiagnose per Body-Mass-Index hilft da nicht in jedem Fall weiter: Arnold Schwarzenegger z. B. hat einen BMI von 31 – und fiele damit unter „fettleibig“.
- **Punkt 2:** Eine Diät ist nur sinnvoll, wenn sie zu einer Umstellung der Ernährungsgewohnheiten führt. Wenn Sie also danach wieder so essen wie vorher, dann haben Sie alles ruck, zuck wieder auf den Rippen.
- **Punkt 3:** Light-Produkte sind eine trügerische Kalorienbremse. Oft tritt nämlich der umgekehrte Effekt ein, dass z. B. mit Saccharin versetzte Produkte den Appetit erst wecken – ein Effekt, der übrigens aus der Schweinemast bestens bekannt und dort gerne genutzt wird.
- **Punkt 4:** Wenn Sie kein Übergewichtsproblem haben, reicht es, wenn Sie sich gesund ernähren. Mit viel Obst und Gemüse, wenig Fett – Pommes frites oder Schokolade brauchen Sie deshalb nicht völlig zu verteufeln, es reicht, wenn Sie sie zum raren Luxusgut erklären.

Und nun: Viel Glück und auch viel Freude bei Ihrem „von-null-auf-42“-Training! Ein Tipp noch: Sie finden im Text immer wieder Verweise auf unsere Internet-Trainingsseite, die auch am Ende des Buches abgedruckt ist. Hier finden sie von A (wie Abnehmen) bis Z (wie Zielfoto) das gesammelte Marathonwissen mit Links zu wichtigen Seiten rund ums Thema Laufen.

Aller Anfang ist light! – unser Lauflernprogramm

Wenn Sie noch nie gelaufen sind und vielleicht auch noch 20 Kilo zu viel mit sich rumschleppen, dann wird Sie möglicherweise beim ersten Blick in Thomas Wessinghages Trainingspläne der Schlag treffen: Sie sollen schon von der ersten Woche an 4-mal auf die Piste: 2-mal 30 Minuten, 1-mal 40 und 1-mal sogar 50 Minuten? In der Tat: Wenn medizinisch nichts dagegen spricht, eine Arthrose, ein versteckter Herzfehler oder drastisches Übergewicht, dann geht das in Ordnung, und dann schaffen Sie das auch – es geht ja primär um die Dauer des Trainings, nicht um die Schnelligkeit, mit der es absolviert wird.

Vorsicht bei Übergewicht!

Wenn Sie allerdings übergewichtig sind, sollten Sie aus gutem Grund am Anfang die Handbremse ziehen. Dicke Menschen, die völlig untrainiert sind, tragen ein mehrfaches Handicap mit sich herum: Sie müssen viel mehr Masse bewegen und deshalb für die gleiche Laufstrecke sehr viel härter arbeiten als ein Schlanker. Hinzu kommt, dass Bänder, Sehnen und Gelenke, die durch das Übergewicht schon jetzt unter Dauerstress stehen, durch die Zusatzbelastung des Laufens ganz schnell in den roten Bereich geraten und streiken. Und die Muskeln, die das alles erleichtern könnten, sind mit großer Sicherheit seit Jahren unterentwickelt.

» Nehmen Sie ab und legen Sie los! «

Was also tun? Zwei Dinge stehen jetzt für Sie auf dem Programm:

› 1. Abnehmen: Ich vermute mal, Sie wissen ganz genau, wo der Grund für Ihr Gewichtsproblem liegt. Dann setzen Sie genau da an. Sprechen Sie mit Ihrem Arzt, welche Diät für Sie in Frage kommt.

› 2. Schon mal mit dem Training beginnen.

Laufen Sie los!

Mit unserem „von-null-auf-42-light"-Programm können Sie schon heute loslegen. Es ist so aufgebaut, dass es Ihren Bewegungsapparat nicht überfordert – und dennoch bringt es Sie innerhalb von nur zehn Wochen auf 20 Minuten. Das Prinzip: Sie trainieren 3- bis 4-mal pro Woche jeweils 30 Minuten. In diesen Halbstundeneinheiten wechseln Sie mehrmals zwischen Laufen und Gehen, die Trainingsdosis wird Woche für Woche langsam und gelenkschonend heraufgesetzt.

Das „von-null-auf-42-light"-Programm

Woche	Lauf-/Gehintervalle (in Min.)	Anzahl	Gesamtlaufzeit (in Min.)
1	Laufen (1), Gehen (2)	7 x	7
2	Laufen (2), Gehen (2)	5 x	10
3	Laufen (3), Gehen (2)	4 x	12
4	Laufen (4), Gehen (2)	4 x	16
5	Laufen (6), Gehen (1,5)	3 x	18
6	Laufen (8), Gehen (1,5)	2 x	16
7	Laufen (10), Gehen (1,5)	2 x	20
8	Laufen (12), Gehen (1), Laufen (8)		20
9	Laufen (15), Gehen (1), Laufen (5)		20
10	Laufen (20)		20

Und jetzt beginnt das Training

Zehn Wochen klingt nach lang – doch überlegen Sie mal: Wenn Sie an einem 1. März beginnen, sind Sie bereits am 10. Mai ein Läufer! Und nun versuchen Sie sich vorzustellen, mit welchem beglückend neuen Körpergefühl Sie in diesen Frühsommer laufen! Vielleicht zehn Jahre haben Sie zum Dicken gemacht, gerade mal zehn Wochen dagegen zum Jogger!

Wenn Sie es konsequent angehen, dann steht Ihrem Trainingseinstieg nach dieser 10. Woche nichts mehr im Wege – auch wenn Sie noch nicht im Idealgewicht-Bereich angelangt sein sollten: Ihr Bewegungsapparat ist jetzt vorgewarnt und vorbereitet.

Die drei Laufgeschwindigkeiten

- **Ruhig:** sehr langsames Tempo. Flüssiges Sprechen ohne Anstrengung möglich.
- **Locker:** normaler Dauerlauf. Flüssiges Sprechen möglich.
- **Zügig:** Dauerlauf am oberen Ende der Wohlfühlskala. Sprechen ganzer Sätze ist noch möglich.

Monat 1

Mo	Ruhetag
Di	30 min ruhiger DL
Mi	Ruhetag
Do	40 min ruhiger DL
Fr	Ruhetag
Sa	30 min ruhiger DL
So	50 min ruhiger DL

Montag: Ruhetag
Heute startet das Training – mit Relaxing. Im ersten halben Jahr wird der Montag der klassische Ruhetag sein. Legen Sie schon einmal ein Lauftagebuch an, auf unserer Internet-Trainingsseite finden Sie hierzu unter „L" einen Vordruck zum Runterladen.

Dienstag: 30 Minuten
› Für die Läufer als lockerer Dauerlauf, für die anderen als zügiges Gehen.
Bei diesen ersten Läufen ist nur eines wichtig: Dass Sie spielerisch Ihre persönliche Geschwindigkeit finden! Ein erstes Hilfsmittel ist die goldene Atem-Schritt-Regel: Auf 8 Schritte verteilt sollten Sie einmal ein- und einmal ausatmen. Ebenfalls ein guter Anhaltspunkt: Sie sollten jederzeit in der Lage sein, ohne Anstrengung während des Trainings mit einem Mitläufer zu sprechen – alles andere ist zu schnell! Machen Sie ruhig Gehpausen, auch als Walker sollten Sie immer mal wieder einen Gang zurückschalten. Als gewichtiger Anfänger sollten Sie mit dem Lauflernprogramm (siehe Seite 54 f.) beginnen.

Mittwoch: Ruhetag
Beobachten Sie genau: Was spüren Sie? Ein leichtes Ziehen in den Muskeln? Welches Gefühl haben Sie? Ich hätte noch länger laufen können? Oder: Das hat mich ganz schön gefordert? Dann: Morgen langsamer sein!

Donnerstag: 40 Minuten
› Für die Läufer als ruhiger Dauerlauf, für die anderen als zügiges Gehen.
Es gilt jetzt erst einmal, Sie in die Bewegung zu bringen – immerhin: Im ersten Monat werden Sie 150 Minuten pro Woche trainieren; wenn Sie also bisher ein ausgeprägter Bewegungsmuffel waren, dann ist Ihr Pensum ein Vielfaches dessen, was Sie sonst an Bewegung hatten – und das muss Ihr Körper erst einmal wegstecken lernen!

Freitag: Ruhetag
Vereinbaren Sie z. B. einen Arzttermin für den sportmedizinischen Eingangscheck. Oder werfen Sie im Sportgeschäft einen ersten Blick auf Pulsuhren, Ausrüstung und Laufschuhe.

Samstag: 30 Minuten
› Für die Läufer als ruhiger Dauerlauf, für die anderen als zügiges Gehen.
Merken Sie einen Unterschied zum ersten Mal? Welchen? Tragen Sie Ihre Beobachtungen in Ihr Lauftagebuch ein!

Sonntag: 50 Minuten
› Für die Läufer als ruhiger Dauerlauf mit Gehpausen, für die anderen als zügiges Gehen.
Was früher der Sonntagsspaziergang war, ist jetzt der Sonntagslauf oder -walk, suchen Sie sich also eine schöne Strecke aus. Variante für Familienmenschen: Raus aus dem Bett und laufen, während die anderen ausschlafen, und dann mit Sonntagsbrötchen zurückkommen.

Monat 2	
Mo	Ruhetag
Di	30 min ruhiger DL
Mi	Ruhetag
Do	40 min ruhiger DL
Fr	Ruhetag
Sa	40 min ruhiger DL
So	50 min ruhiger DL

Montag: Ruhetag
Wie fühlen Sie sich nach dem ersten Monat? Sie haben immerhin 600 Minuten Sport hinter sich! Dieser 2. Trainingsplan legt ein bisschen zu: Die Läufer unter Ihnen sollten nun versuchen, die Gehpausen immer weiter zu reduzieren.

Dienstag: 30 Minuten
› Für die Läufer als ruhiger Dauerlauf, für die anderen als Walking.

Bitte kontrollieren Sie regelmäßig Ihren Puls – das vermehrte Laufen darf ihn nicht nach oben treiben. Sie sollten weiterhin in der Lage sein, in jedem Moment flüssig sprechen zu können. Erinnern Sie sich bitte an die „Atem-Schritt-Regel" aus Trainingsplan 1.

Mittwoch: Ruhetag
Spätestens jetzt sollten Sie bei Ihren Laufschuhen eine Kaufentscheidung getroffen haben, denn Ihr Fuß muss bei jedem Schritt das 2- bis 3-Fache Ihres Körpergewichts abfangen.

Donnerstag: 40 Minuten
› Für die Läufer als ruhiger Dauerlauf, für die anderen als Walking.

Rechnen Sie doch mal hoch, wie viele Schritte Sie bei Ihrer heutigen Trainingseinheit machen. Das funktioniert ähnlich wie das Pulsmessen: Sie zählen 15 Sekunden lang Ihre Schrittzahl, nehmen diesen Wert mal 4 und dann nochmals mal 40, das ergibt die Gesamtzahl Ihrer Schritte.

Multiplizieren Sie dieses Ergebnis nun einmal mit dem Doppelten und einmal mit dem Dreifachen ihres Körpergewichts und Sie werden überrascht sein, welche Zentnerzahlen dabei herauskommen. Das ist der Gewichtsbereich, den Ihre Füße wegstecken müssen!

Freitag: Ruhetag
Nach dem Rechenexempel gestern verstehen Sie jetzt besser, warum ein guter Schuh wichtig ist. Allerdings: Sie finden ihn nicht auf dem Wühltisch, sondern nur in einem guten Sportgeschäft, das eine Video-Laufanalyse auf dem Laufband anbietet. Dort wird nämlich festgestellt, ob Sie „Pronierer" oder „Supinierer" sind, ob Sie also beim Auftreten zu stark nach innen oder nach außen einknicken. Dann wird auch klar, warum es so wichtig ist, dass der Fuß an der richtigen Stelle vom Schuh unterstützt werden muss.

Samstag: 40 Minuten
› Für die Läufer als ruhiger Dauerlauf, für die anderen als Walking.

Wenn Sie Walker sind und gerne auf Laufen umsteigen wollen: Trainieren Sie mit unserem Lauflernprogramm „von-null-auf-42 – light".

Sonntag: 50 Minuten
› Für die Läufer als ruhiger Dauerlauf, für die anderen als Walking.

Sie nähern sich mit Riesenschritten dem Stundenlauf: Jetzt ist eine gute Zeit für den Kauf einer Pulsuhr. Das wichtigste Kaufkriterium: Sie sollte EKG-genau sein!

Monat 3

Mo	Ruhetag
Di	30 min ruhiger DL
Mi	40 min lockerer DL
Do	Ruhetag
Fr	30 min ruhiger DL
Sa	40 min ruhiger DL
So	60 min ruhiger DL

Montag: Ruhetag
Es wird ein wenig härter: Ab jetzt müssen Sie einmal mehr pro Woche raus. Und überdies sollten Sie sich jetzt schon Gedanken machen, wo Sie Ihren Marathon laufen wollen. Die schönsten Marathons sind nämlich ruck, zuck ausgebucht. Auf unserer Internet-Coachingseite finden Sie einen Marathonkalender.

Dienstag: 30 Minuten

› Für die Läufer als ruhiger Dauerlauf, für die anderen als Walking.

Dieser 3. Monat ist der Monat der „Professionalisierung": Jetzt gilt es, Training, Familie und Job unter einen Hut zu kriegen. Dazu müssen Sie Ihre Trainingszeiten gut koordinieren und mit der Familie durchsprechen. Was die Trainingsdisziplin völlig untergräbt, ist, wenn Sie Ihren Trainingsplan ständig umwerfen.

Mittwoch: 40 Minuten

› Für die Läufer als lockerer Dauerlauf, für die anderen als Walking.

Zeit, über das Ziel nachzudenken: Am Ende des Monats steht der erste 10-Kilometer-Lauf.

Donnerstag: Ruhetag
Machen Sie sich Gedanken über Ihre Ausrüstung. Tauschen Sie z. B. Ihre Sporthose plus Slip gegen Laufshorts – denn der Gummizug im Schritt wird Sie auf langen Strecken wahnsinnig machen. Ebenfalls zu empfehlen: ein atmungsaktives Laufshirt, das den Schweiß nach außen transportiert.

Freitag: 30 Minuten

› Für die Läufer als ruhiger Dauerlauf, für die anderen als Walking.

Ein Tipp für den 10-Kilometer-Lauf: Melden Sie sich bei einem entsprechenden Volkslauf an und lassen Sie sich von der Begeisterung – aber nicht vom Tempo Schnellerer – mitreißen. Ein Verzeichnis der Volksläufe in Deutschland finden Sie auf unserer Internetseite.

Samstag: 40 Minuten

› Für die Läufer als ruhiger Dauerlauf, für die anderen als Walking.

Wer mit unserem Lauflernprogramm „von-null-auf-42 – light" eingestiegen ist, kommt in den nächsten 2 Wochen auf die Zielgerade: Nach 10 Wochen müssten Sie jetzt in der Lage sein, 20 Minuten am Stück zu laufen. Folgen Sie anschließend den üblichen Monatsplänen.

Sonntag: 60 Minuten

› Für die Läufer als ruhiger Dauerlauf, für die anderen als Walking.

Bei den langen Sonntagsläufen sollten Sie sich genau beobachten: Treten Schmerzen auf? Fühlen Sie sich wohl? Die nächsten Monate werden Ihnen zeigen, wo es langgeht: zum Marathon oder Halbmarathon, hin zum Laufen oder doch zum Walken. Seien Sie ehrlich zu sich und lernen Sie zu unterscheiden zwischen „Ich will nicht/habe keine Lust!" und „Ich kann nicht/es überfordert mich!" Jetzt ist es Zeit, Ihr Tempo und Ihre Distanz zu finden.

Montag: Ruhetag

Haben Sie eigentlich Ihren 10-Kilometer-Lauf schon hinter sich? Er ist etwas Besonderes, so ein bisschen wie erwachsen werden. Auch bei unseren sieben in der Fernsehserie konnte man das bemerken: Nach dem 10-Kilometer-Lauf waren sie alle um einiges selbstbewusster – mit Recht. Denn jetzt hatten Sie bereits einen Viertelmarathon geschafft!

Dienstag: 40 Minuten

› Für die Läufer als ruhiger Dauerlauf, für die anderen als Walking.

Am Dienstag müssen Sie jetzt 10 Minuten länger ran. Ihr Bewegungsapparat wird seit 3 Monaten Schritt für Schritt an längere Distanzen herangeführt, jetzt ist er so weit, dass das Pensum gesteigert werden kann.

Mittwoch: 40 Minuten

› Für die Läufer als lockerer Dauerlauf, für die anderen als Walking.

Seit Beginn des dritten Monats ist jetzt zum „ruhigen" Dauerlauf der „lockere" dazugekommen. Thomas Wessinghage kennzeichnet den Unterschied so: Ruhiger Dauerlauf = sehr langsames Tempo, flüssiges Sprechen ohne jegliche Anstrengung möglich, Laktatbereich unter 2 mmol/l. Lockerer Dauerlauf = der normale Dauerlauf, flüssiges Sprechen ist noch möglich, Laktatbereich circa 2-3 mmol/l.

Donnerstag: Ruhetag

Freitag: 50 Minuten

› Für die Läufer als ruhiger Dauerlauf, für die anderen als Walking.

Der Freitag zieht im Vergleich zum Vormonat an: 50 statt 30 Minuten. Aber Sie sind jetzt kein Anfänger mehr: Im übernächsten Monat sollen Sie einen Halbmarathon absolvieren.

Monat 4

Mo	Ruhetag
Di	40 min ruhiger DL
Mi	40 min lockerer DL
Do	Ruhetag
Fr	50 min ruhiger DL
Sa	40 min ruhiger DL
So	70 min ruhiger DL

Samstag: 40 Minuten

› Für die Läufer als ruhiger Dauerlauf, für die anderen als Walking.

Sie spüren es in den Knochen: Die Wochenenden werden härter. Deshalb sollten Sie sensibel in Ihren Bewegungsapparat hineinhorchen, wenn es dort schmerzt: Sie sollten zwar nicht gleich beim ersten Ziehen und Zwacken zum Arzt gehen – wenn Sie aber merken, dass bei den längeren Strecken die Probleme hartnäckig nicht nachlassen, dann sollten Sie einen Fachmann hinzuziehen.

Sonntag: 70 Minuten

› Für die Läufer als ruhiger Dauerlauf, für die anderen als Walking.

Heute wird eine Schallgrenze durchbrochen: zum ersten Mal mehr als eine Stunde. Wenn Sie dem Trainingsplan diszipliniert gefolgt sind, dürfte das kein Problem sein. Aber vielleicht waren Sie ein wenig lax. Oder zu eifrig, weil Sie sich vielleicht superfit fühlen. Denken Sie bitte daran: Der Bewegungsapparat braucht am längsten, bis er marathonfit ist. Ein Zuviel oder Zuwenig kann sich böse rächen – Iris lässt da grüßen.

Monat 5

Mo	Ruhetag
Di	40 min ruhiger DL
Mi	50 min lockerer DL
Do	Ruhetag
Fr	30 min zügiger DL
Sa	40 min ruhiger DL
So	90 min ruhiger DL

Montag: Ruhetag

Zeit um nochmals über das Thema „Verletzung" nachzudenken. Wenn es auch Sie erwischen sollte: Nehmen Sie Ihren Körper ernst und setzen Sie so lange mit dem Training aus, bis Ihre Verletzung vollständig abgeheilt ist. Das Versäumte holen Sie spielend auf – versprochen! Gravierend wird es nur dann, wenn Sie zu früh loslegen und am Ende noch länger pausieren müssen, weil Sie einen Rückschlag hatten. Auf unserer Internetseite finden Sie Links zu zwei animierten Beispielen dafür, was einem alles widerfahren kann: Franks Bänderriss und Iris' Meniskusproblem.

Dienstag: 40 Minuten

› Für die Läufer als ruhiger Dauerlauf, für die anderen als Walking.

Wie steht es eigentlich um Ihr Gewicht? Wenn Sie regelmäßig trainieren und sich vernünftig ernähren, müsste es sich jetzt bereits deutlich nach unten bewegt haben.

Mittwoch: 50 Minuten

› Für die Läufer als lockerer Dauerlauf, für die anderen als Walking.

Donnerstag: Ruhetag

Freitag: 30 Minuten

› Für die Läufer als zügiger Dauerlauf, für die anderen als Walking.

Jetzt kommt eine dritte Tempoart ins Spiel: der „zügige" Dauerlauf. Thomas Wessinghage definiert ihn so: Dauerlauf am oberen Ende der Wohlfühlskala, Sprechen ganzer Sätze noch möglich, Tempo kann etwa über 45 Minuten gehalten werden, Laktatbereich circa 3-4 mmol/l.

Jetzt laufen Sie bereits knapp unter der „anaeroben Schwelle". Denn Sie wissen ja: Ab circa 4 mmol/l produziert der Körper mehr Laktat, als er in derselben Zeit abbauen kann. Das Trainingsziel: Ihr Körper lernt mit Laktat umzugehen, Ihre anaerobe Schwelle wird sich dadurch immer weiter nach hinten verschieben.

Samstag: 40 Minuten

› Für die Läufer als ruhiger Dauerlauf, für die anderen als Walking.

Ein paar Gedanken zum Thema „Terminstress". Vielleicht geht es Ihnen ja wie Dieter, unserem Bierbrauer aus dem Südschwarzwald; er war unser Fittester, hatte aber dennoch ein Riesenproblem: Wie sollte er zwischen Managerjob und Familie mit zwei kleinen Kindern noch 5-mal die Woche Training quetschen? Dieter bekam es hin: mal in der Mittagspause, mal zwischen zwei Terminen oder spätabends.

Sonntag: 90 Minuten

› Für die Läufer als ruhiger Dauerlauf, für die anderen als Walking.

Für die Läufer geht es jetzt zügig in Richtung 15 Kilometer. Kein Wunder: Am Ende des nächsten Trainingsmonats steht auch schon der Halbmarathontest auf dem Plan.

Montag: Ruhetag

Am Ende des Monats wartet das nächste Ziel auf Sie: der Halbmarathon. Thomas Wessinghage sagt immer: „Ein Halbmarathon ist kein halber Marathon!“. Denn: Die marathontypischen Schwierigkeiten tauchen erst jenseits der 25 oder 30 Kilometer auf. Auf der anderen Seite ist da aber der Fall Anna: Sie hatte sich beim Halbmarathon in Mainz übernommen. Also: Nicht auf die leichte Schulter nehmen, sich aber auch nicht verrückt machen lassen!

Dienstag: 40 Minuten

› Für die Läufer als lockerer Dauerlauf, für die anderen als Walking.

Machen Sie sich einmal ein paar Gedanken zum Stoffwechsel. Auf unserer Internetseite finden Sie gleich mehrere interessante Links zu Abnehmen, Gewicht und Fettverbrennung.

Mittwoch: 60 Minuten

› Für die Läufer als ruhiger Dauerlauf, für die anderen als Walking.

Das ist jetzt Ihre zweite lange Laufeinheit pro Woche. Während die anderen Einheiten auch mal zwischendurch, z. B. in der Mittagspause gemacht werden können, sollten Sie die Mittwochseinheit eher auf den Feierabend legen.

Donnerstag: Ruhetag

Bei der Dichte der Trainingseinheiten müssen Sie sicherstellen, dass Sie nicht zu viel tun. Schauen Sie sich auf unserer Internetseite das Stichwort „Übertrainiert“ an.

Freitag:

40 Minuten

› Für die Läufer als zügiger Dauerlauf und für die anderen als Walking.

Monat 6

Mo	Ruhetag
Di	40 min lockerer DL
Mi	60 min ruhiger DL
Do	Ruhetag
Fr	40 min zügiger DL
Sa	40 min ruhiger DL
So	100 min ruhiger DL

Samstag:

40 Minuten

› Für die Läufer als ruhiger Dauerlauf, für die anderen als Walking.

Versuchen Sie sich vorzustellen, Sie laufen dicht gedrängt im Halbmarathon. Wenn Sie sich beim Start zu weit vorne platziert haben, werden Sie jetzt vielleicht von verärgerten, weil schnelleren Läufern aus dem Weg geschubst. Ein wichtiger Punkt: Ankern Sie Ihr Tempo im Kopf, damit Sie nicht von den anderen mitgezogen werden und vielleicht bei Kilometer 15 fix und fertig sind. Und: Schauen Sie sich das Internet-Stichwort „Trinken“ an.

Sonntag: 100 Minuten

› Für die Läufer als ruhiger Dauerlauf, für die anderen als Walking.

Sie absolvieren jetzt 1:40 Stunden bereits im Training – mit diesem Polster sind Sie für die 21 km gut gerüstet. Für den Halbmarathon werden Sie als Läufer etwa 2 bis 2,5 Stunden brauchen – so die Erfahrung unserer Läufer aus dem TV-Experiment.

Suchen Sie sich auf unserer Internetseite im Volkslaufkalender einen schönen Halbmarathon aus, abwechslungsreich und nicht zu hügelig. Viel Glück.

Monat 7

Mo	30 min ruhiger DL
Di	40 min lockerer DL
Mi	60 min ruhiger DL
Do	Ruhetag
Fr	40 min zügiger DL
Sa	40 min ruhiger DL
So	120 min ruhiger DL

Montag:
30 Minuten

- Für die Läufer als ruhiger Dauerlauf und für die anderen als Walking.

Eine liebe Gewohnheit endet nun heute: Montag ist nicht mehr Ruhetag. Jetzt müssen Sie 6-mal pro Woche raus. Wenn Sie allerdings am Tag vorher Ihren Halbmarathon gelaufen sind, sollten Sie Pause machen, am besten auch noch am Dienstag.

Dienstag: 40 Minuten

- Für die Läufer als lockerer Dauerlauf, für die anderen als Walking.

Wenn Sie viel um die Ohren haben, sollten Sie das Training zurückfahren und Regenerationswochen mit leichterem Programm einlegen. Trainieren Sie nur 4-mal, den Sonntagslauf kürzen Sie auf 70, maximal 80 Minuten.

Mittwoch: 60 Minuten

- Für die Läufer als ruhiger Dauerlauf, für die anderen als Walking.

Denken Sie darüber nach, ob Sie nicht vielleicht einen Laktattest machen lassen wollen. Damit gehen Sie auf Nummer sicher, was Ihren Trainingspuls angeht. Jetzt ist noch genügend Zeit, an den Stellschrauben zu drehen.

Donnerstag: Ruhetag

Ziehen Sie Ihr Halbjahresfazit. Wie geht es Ihnen? Wie viel Gewicht haben Sie verloren? Macht Ihnen das Laufen immer noch Spaß? Falls Sie bei Punkt 3 Abstriche machen: Informieren Sie sich auf unserer Internetseite über Crosstraining – zwischendurch mal etwas anderes als Laufen tut gut. Vielleicht suchen Sie aber auch nach netten Lauffreundschaften: Wir bieten Ihnen Links zu Lauftreffs in ganz Deutschland.

Freitag: 40 Minuten

- Für die Läufer als zügiger Dauerlauf, für die anderen als Walking.

Die Frage „Laufen oder Walken?“ ist sicher längst entschieden, doch denken Sie daran: Erst in diesem 7. Monat offenbarte sich für Anna, dass Laufen nicht ihr Ding ist. Konsequent stieg sie um – und war von nun an glücklich!

Samstag: 40 Minuten

- Für die Läufer als ruhiger Dauerlauf, für die anderen als Walking.

Rückschaltflächen wie Anna sollten auch Sie sich offen halten: Von Laufen auf Walken ist die eine; die andere: Prüfen Sie in den kommenden Wochen, ob Sie wirklich schon in 5 Monaten Marathon laufen wollen. Oder können.

Sonntag: 120 Minuten

- Für die Läufer als ruhiger Dauerlauf, für die anderen als Walking.

Nach Ihrem Halbmarathon sind Sie ja jetzt mit solchen Distanzen vertraut.

Möglicherweise machen Sie eine ganz neue Erfahrung: Dass Ihnen – wenn Sie viel alleine trainieren – das „Denkfutter“ ausgeht. Nehmen Sie sich also für die langen Läufe gezielt etwas mit, über das Sie nachdenken wollen: ein Problem, ein Vorhaben.

Montag: 40 Minuten

› Für die Läufer als ruhiger Dauerlauf, für die anderen als Walking.

Der 8. Monat verschärft bewusst zwischendurch das Tempo: 3 schnellere Einheiten stehen auf dem Programm, zwei lockere und eine zügige. Aber: In nur vier Monaten sind Sie am Ziel. Durchhalten! Es lohnt sich.

Dienstag: 50 Minuten

› Für die Läufer als lockerer Dauerlauf, für die anderen als Walking.

Schauen Sie zur Motivation doch mal in Ihr Trainingstagebuch: im 2. Monat liefen Sie zum ersten Mal den „lockeren" Dauerlauf. Vergleichen Sie nun: Welche Strecke liefen Sie damals in 40 Minuten und wie weit kommen Sie heute?

Mittwoch: 40 Minuten

› Für die Läufer als zügiger Dauerlauf, für die anderen als Walking.

Machen Sie hier doch gleich den nächsten Vergleich – diesmal mit Monat 5. Damals liefen Sie Ihren ersten „zügigen" Dauerlauf.

Donnerstag: Ruhetag

Sie könnten jetzt beginnen, für den Sonntagslauf die schönsten Wanderrouten zu recherchieren und dann systematisch abzulaufen: So bringen Sie nicht nur Abwechslung in Ihren Trainingsalltag, Sie werden auch zum Kenner der attraktivsten Naherholungsgebiete Ihrer Gegend.

Freitag: 60 Minuten

› Für die Läufer als ruhiger Dauerlauf, für die anderen als Walking.

Monat 8

Mo	40 min ruhiger DL
Di	50 min lockerer DL
Mi	40 min zügiger DL
Do	Ruhetag
Fr	60 min ruhiger DL
Sa	40 min lockerer DL
So	120 min ruhiger DL

Auch wenn man sagt, beim Laufen komme es nur auf die Schuhe an: Mit steigender Laufleistung wachsen auch die Ansprüche an die Ausrüstung. Die Damen haben bestimmt schon längst einen Sport-BH ins Auge gefasst, die Herren können das leider nicht. Obwohl sie dieselben Probleme bekommen. Bei längeren Strecken ab 10 Kilometern scheuern die Brustwarzen am Laufshirt wund – eine schmerzhafte Angelegenheit, die man nur mit einem vorsorglich aufgeklebten Pflaster vermeiden kann. Sie verstehen jetzt vielleicht, warum Michael, unser SWR3-Moderator, so vehement den Sport-BH für Männer gefordert hat.

Samstag: 40 Minuten

› Für die Läufer als lockerer Dauerlauf, für die anderen als Walking.

Von der Zeit her bleibt das Wochenende gleich, aber das Tempo wird auf „locker" erhöht.

Sonntag: 120 Minuten

› Für die Läufer als ruhiger Dauerlauf, für die anderen als Walking.

Jetzt – nachdem Sie 8 Monate so gut durchgehalten haben – können wir es Ihnen ja ruhig sagen: „Runner´s High" ist leider auch nur ein Marathonmythos! Oliver Stoll, unser Sportpsychologe aus dem TV-Experiment, hat sich intensiv mit der Endorphinausschüttung beschäftigt und festgestellt: Es wird leider nichts ausgeschüttet.

Monat 9

Mo	60 min ruhiger DL
Di	50 min lockerer DL
Mi	70 min ruhiger DL
Do	Ruhetag
Fr	50 min lockerer DL
Sa	50 min ruhiger DL
So	135 min ruhiger DL

Montag:
60 Minuten

› Für die Läufer als ruhiger Dauerlauf und für die anderen als Walking.

Am Ende des Monats wartet der 30-Kilometer-Lauf auf Sie. Überdenken Sie z. B. das Thema „Trinken“: Wenn Sie eine 1000-Meter-Zeit von 6 Minuten haben und sich an die Atem-Schritt-Regel halten, dann werden Sie heute 1780-mal ein- und ausatmen – und dabei jedes Mal Flüssigkeit verlieren.

Dienstag: 50 Minuten

› Für die Läufer als lockerer Dauerlauf, für die anderen als Walking.

Auch ans Essen unterwegs sollten Sie sich gewöhnen. Wie fühlt es sich im Magen an, wenn man beim Laufen eine Banane isst? Wie vertrage ich denn Powergels oder -riegel? Diese Erfahrungen sollten Sie nicht erst am Tag X machen.

Mittwoch: 70 Minuten

› Für die Läufer als ruhiger Dauerlauf, für die anderen als Walking.

Es ist gut möglich, dass die langen Strecken Sie schlauchen. Auch den Läufern aus der TV-Serie ist es nicht anders gegangen: Iris und Michael hatten Knieschmerzen, Frank hatte Probleme mit einer entzündeten Achillessehne und Anna-Freda einen rätselhaften Leistungseinbruch – es war Eisenmangel, wie sich später herausstellte.

Donnerstag: Ruhetag

Freitag: 50 Minuten

› Für die Läufer als lockerer Dauerlauf, für die anderen als Walking.

Vielleicht mal an die Lauftechnik denken. Thomas Wessinghage empfiehlt z. B. zwischendurch immer mal barfuß zu laufen, das verbessert das Körpergefühl und trainiert Fuß- und Unterschenkelmuskulatur. Beschäftigen Sie sich auch mit unserem Internetthema „Muskeln“. Trainingsfehler, die Sie jetzt vielleicht machen, können dazu führen, dass Sie später Muskelkrämpfe bekommen.

Samstag: 50 Minuten

› Für die Läufer als ruhiger Dauerlauf, für die anderen als Walking.

Für den 30-Kilometer-Test sollten Sie sich langsam eine Strecke aussuchen. Entweder einen Volkslauf oder Sie messen sich selbst eine attraktive Stecke aus: per topographischer Wanderkarte (am besten 1:25 000) oder per CD-Rom (z. B. „Top 50“).

Sonntag: 135 Minuten

› Für die Läufer als ruhiger Dauerlauf, für die anderen als Walking.

Vergleichen Sie mal diesen Sonntag mit dem Sonntag von Trainingsplan 1: Fünfzig Minuten waren es damals, heute sind es 85 mehr. Wenn Sie wissen wollen, was in diesen Monaten in Ihren Muskeln passiert ist, sehen Sie das im Internetstichwort „Muskelwachstum“: Eine Animation zeigt die Entwicklung der Kapillaren, die ab Trainingsbeginn wachsen und sich verzweigen – und Sie in die Lage versetzen, demnächst 30 Kilometer zu laufen.

Montag: 70 Minuten

› Für die Läufer als ruhiger Dauerlauf, für die anderen als Walking.

Wenn Sie gestern Ihre 30 Kilometer absolviert haben, sollten Sie sich 2 bis 3 Tage Ruhe gönnen. Am besten steigen Sie dann erst am Freitag wieder ein.

Dienstag: 60 Minuten

› Für die Läufer als ruhiger Dauerlauf, für die anderen als Walking.

Dieser Monat ist der Gipfel. So lange wie jetzt (470 Minuten) müssen Sie in den letzten zwei Monaten nicht mehr raus. Jetzt fängt die direkte Marathonvorbereitung an.

Mittwoch: 70 Minuten

› Für die Läufer als ruhiger Dauerlauf, für die anderen als Walking.

Werfen Sie einen Blick auf Ihre Schuhe; Sie wissen ja: Alle 1000 Kilometer sollten Sie ein paar neue haben. Und jetzt haben Sie noch genügend Zeit, sie einzulaufen. Denn beim Marathon sollten Sie nichts Neues ausprobieren. Das gilt auch für die Socken: Nichts schlimmeres als wenn ab Kilometer 20 die Nähte drücken. Beginnen Sie, Ihre Füße zu pflegen und Mittel gegen Blasen auszuprobieren.

Donnerstag: Ruhetag

Zeit, sich auf unserer Internetseite mit dem Mythos Marathon auseinander zu setzen.

Freitag: 50 Minuten

› Für die Läufer als lockerer Dauerlauf, für die anderen als Walking.

Zur Erinnerung: Wer im Alltag richtig Stress hat, muss zurückschalten: 4-mal trainieren reicht dann völlig! Unser Trainingsvorschlag für Sie: Di 60 Minuten, Do 45 Minuten, Sa 50 Minuten und So 80 Minuten.

Samstag: 70 Minuten

› Für die Läufer als ruhiger Dauerlauf, für die anderen als Walking.

Machen Sie sich jetzt schon mal Gedanken über die Zeit nach Ihrem ersten Marathon. Welches Level wollen Sie halten? Marathon? Oder zurück auf alltagsverträglichere 15 Kilometer? Falls Sie reduzieren möchten, sollten Sie auf jeden Fall das Kapitel „Abtrainieren" (siehe Seite 70 f.) lesen.

Sonntag: 150 Minuten

› Für die Läufer als ruhiger Dauerlauf, für die anderen als Walking.

Das ist der Gipfel. Bislang ging's sonntags immer aufwärts, jetzt geht's abwärts; die restlichen beiden Monate werden Sie nur noch 2 Stunden unterwegs sein. Und Sie dürfen auch mal einen Sonntag auslassen – Ihr Körper ist jetzt schon auf lange Strecken programmiert.

Monat 10

Mo	70 min ruhiger DL
Di	60 min ruhiger DL
Mi	70 min ruhiger DL
Do	Ruhetag
Fr	50 min lockerer DL
Sa	70 min ruhiger DL
So	150 min ruhiger DL

Monat 11

Mo	50 min ruhiger DL
Di	60 min lockerer DL
Mi	40 min zügiger DL
Do	70 min ruhiger DL
Fr	50 min lockerer DL
Sa	Ruhetag
So	120 min lockerer DL

Montag: 50 Minuten

› Für die Läufer als ruhiger Dauerlauf und für die anderen als Walking.

Es wird Ernst! In diesem Monat gibt es vier Läufe mit höherem Tempo. Damit kein Missverständnis aufkommt: Beim ersten Marathon zählt nur das Finishing; Tempomachen können Sie bei den Marathons danach. Mit unseren schnelleren Einheiten versetzen Sie Ihren Körper lediglich in die Lage, sich z. B. nach kurzen Aufholspurts schneller wieder zu erholen.

Dienstag: 60 Minuten

› Für die Läufer als lockerer Dauerlauf, für die anderen als Walking.

Denken Sie an den Stoffwechsel: Wenn Sie sich beim Marathon von Schnelleren mitziehen lassen, laufen Sie in einem Pulsbereich, in dem Sie ungewohnt viele Kohlenhydrate verbrennen. Und wenn dieser Tank dann zwischen Kilometer 30 und 35 plötzlich leer ist, dann laufen Sie „gegen die Mauer".

Mittwoch: 40 Minuten

› Für die Läufer als zügiger Dauerlauf, für die anderen als Walking.

Denken Sie auch an die Übersäuerung durch Laktat: In Muskelzellen, in denen der Laktatspiegel zu stark angestiegen ist, wird die Kontraktion eingestellt. Für Sie heißt das: Ihre Beine werden schwer wie Blei, nichts geht mehr.

Donnerstag: 70 Minuten

› Für die Läufer als ruhiger Dauerlauf, für die anderen als Walking.

Denken Sie immer daran: Der Marathon ist eine Ausnahmebelastung, die Sie nur aushalten können, weil Sie so diszipliniert trainiert haben.

Freitag: 50 Minuten

› Für die Läufer als lockerer Dauerlauf, für die anderen als Walking.

Samstag: Ruhetag

Sonntag: 120 Minuten

› Für die Läufer als lockerer Dauerlauf, für die anderen als Walking.

Ein kleines Horrorszenario: Sie wachen am Tag X mit Halsschmerzen und leichtem Fieber auf … was tun? Klare Antwort: Auf gar keinen Fall starten! Wenn Sie mit einer Infektion an den Start gehen, kann das lebensbedrohend sein. Ihr Immunsystem wird durch den Marathon so stark in Anspruch genommen und geschwächt werden, dass sich diese Infektion in Windeseile im ganzen Körper ausbreiten wird.

Also: Keine inneren Ausreden akzeptieren („Wird schon!" oder „Ich lasse es langsamer angehen") sondern rigoros canceln – so schwer es auch fällt. Dann laufen Sie eben Ihren ersten Marathon ein paar Wochen später!

Montag: 60 Minuten

› Für die Läufer als ruhiger Dauerlauf, für die anderen als Walking.

Sie sind im letzten Trainingsmonat angekommen: Gratulation. Wenn Sie viel Stress haben, sollten Sie eine Regenerationswoche einlegen: Dienstag 30 Minuten, Donnerstag 50 Minuten und Sonntag 50 Minuten.

Dienstag: 70 Minuten

› Für die Läufer als ruhiger Dauerlauf, für die anderen als Walking.

Wie hat sich eigentlich Ihr Gewicht entwickelt? Bei unseren TV-Läufern war Michael der König gewesen, mit 22,4 Kilo weniger. Dicht dahinter Mücke mit 19,3 kg. Bei Frank und Anna waren es 9 kg, bei Dieter 5 kg, bei Iris 1,5 kg. Fazit: Wer richtig was auf den Rippen hatte, kriegte auch richtig was runter.

Mittwoch: Ruhetag

Vergegenwärtigen Sie sich bitte: Ihre längste Trainingseinheit dauerte 150 Minuten (Ausnahme: der 30-km-Lauf), für den Marathon werden Sie – als Läufer – zwischen 270 und 330 Minuten brauchen. Das heißt: Am Tag X wird ganz schön viel Zusätzliches verlangt – aber dann sind Sie so heiß, dass Sie das auch schaffen.

Donnerstag: 60 Minuten

› Für die Läufer als ruhiger Dauerlauf, für die anderen als Walking.

Gewicht II: Merkwürdig war die Tatsache, dass die meisten unserer Läufer zwischen Trainingsmonat 1 und 9 am meisten abgenommen und dann zwischen Monat 9 und 12 wieder etwa ein Kilo zugelegt haben.

Freitag:
50 Minuten

› Für die Läufer als zügiger Dauerlauf und für die anderen als Walking.

Gewicht III: Interessant ist die Entwicklung des Fettanteils. Bei den Schlanken ging so gut wie gar nichts verloren, die Dicken verloren dagegen massig: Mücke ging von 27,2 kg Fett auf 9,4 herunter, Michael von 26,2 auf 10,3. Bei Anna dagegen verlief die Entwicklung zäher: Von 40,1 auf 32,8 kg. Die Einzige, die Fett zulegte, war die gertenschlanke Anna-Freda: Sie ging von 11,5 auf 11,8 kg hoch.

Monat 12

Mo	60 min ruhiger DL
Di	70 min ruhiger DL
Mi	Ruhetag
Do	60 min ruhiger DL
Fr	50 min zügigerDL
Sa	45 min zügiger DL
So	120 min ruhiger DL

Samstag: 45 Minuten

› Für die Läufer als zügiger Dauerlauf, für die anderen als Walking.

Ein Beispiel zur Pulsentwicklung: Beim ersten Laufbandtest raste Michaels Puls bei 10 km/h mit 200/min, vier Monate später lief er diese Geschwindigkeit bereits mit 165/min. Weitere 6 Monate später lief Michael mit dieser Herzfrequenz bereits 12,6 km/h.

Sonntag: 120 Minuten

› Für die Läufer als ruhiger Dauerlauf, für die anderen als Walking.

Ein Beispiel, wie sich die Laktatkurve weiter nach hinten verschiebt: Beim Laktattest in Monat 1 war Mücke bei einem Gehtempo von 5 km/h mit 6 mmol/l erheblich übersäuert; ein Jahr später produzierte er bei doppeltem Tempo (10,2 km/h) lediglich 2,7 mmol/l.

Marathonwoche

Mo	Ruhetag
Di	30 min ruhiger DL
Mi	Ruhetag
Do	Ruhetag
Fr	30 min ruhiger DL
Sa	30 min ruhiger DL
So	Marathon

Der Tag X – jetzt bloß nichts Neues!

Sie wissen selbst am besten, welch großartiges Ziel Sie bereits jetzt schon erreicht haben: Sie haben ein Jahr diszipliniert durchgehalten. Deshalb keine großen Worte: Wir gratulieren!

Die richtige Vorbereitung auf den großen Tag

Sie haben ein Jahr lang trainiert und auf dieses Ereignis hingearbeitet – machen Sie jetzt also an Ihrem großen Tag nichts falsch!

Frank z. B. konnte leider nicht ausschließen, dass seine vielen Krampfattacken während des New York Marathons nicht doch auf zu viel Sightseeing und zu wenig Ernährungsdisziplin in den Tagen davor zurückzuführen war. Nehmen wir mal an, das wäre wirklich der Grund gewesen: Dann hätte Frank für seine kleinen Nachlässigkeiten sehr teuer mit vielen Stunden Hölle bezahlt. Also: Es lohnt sich, vorsichtig zu sein und auf einige Dinge besonders zu achten:

- Lassen Sie's ruhig und locker ausklingen.
- Gehen Sie in der letzten Woche vor dem Marathon zeitig schlafen.
- Probieren Sie nichts Neues mehr aus, weder beim Essen noch bei Ihrer Ausrüstung.

Die richtige Ernährung

Sie sollten in den Tagen davor damit beginnen, Ihre Kohlenhydratspeicher aufzufüllen. Der Klassiker: Spaghetti. Vor allem am Abend vor dem Tag X ist Carbo-Loading (Kohlenhydrate schaufeln) angesagt.

Am Marathontag selbst sollten Sie faserreiche Nahrung wie Müsli, Vollkornbrot oder auch Obst vermeiden. Ihr Körper wird nämlich in den nächsten Stunden anderes zu tun haben, als diese zähen Fasern zu verdauen.

Decken Sie sich zeitig mit den Kraftriegeln und Powergels ein, die Sie kennen und die Ihr Körper gewohnt ist. Stellen Sie sich vor, Sie probieren einen neuen Riegel aus und vom Geschmack wird Ihnen übel – Sie wären beileibe nicht der Erste, dem das passiert.

Regelmäßiges Trinken

Auf der Marathonstrecke gibt es natürlich Wasserstellen. Aber: Es kann einen Läuferstau geben, die Helfer kommen mit dem Nachschenken nicht hinterher oder das Wasser ist gerade alle – alles schon vorgekommen! Nehmen Sie also einen gefüllten Trinkgurt mit. Und denken Sie daran: Sie sollten regelmäßig kleinere Mengen trinken und nicht viel auf einmal: Der Magen kann in einer Viertelstunde etwa einen viertel Liter Flüssigkeit verarbeiten, wenn Sie also zu viel trinken, liegt Ihnen das wie ein Stein im Magen.

Pflegen Sie Ihre Füße

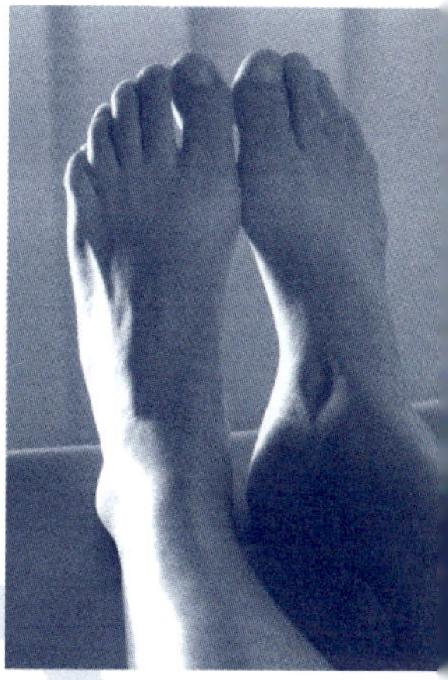

Mit der richtigen Fußpflege lassen sich Blasen vermeiden.

Sie sollten schon bei Ihren ersten längeren Läufen damit begonnen haben, Ihre Füße regelmäßig zu pflegen:

- Hornhaut entfernen und mit weißer Vaseline oder Melkfett einreiben – das ist eine wirksame Methode gegen Blasen.
- Nur nichts Neues! Achten Sie darauf, dass Sie gut eingelaufene, schon mehrmals gewaschene Socken dabeihaben.
- Werfen Sie rechtzeitig einen Blick auf Ihre Schuhe: Sie sollten am Tag X zwar bestens ein-, aber keinesfalls abgelaufen sein.

Deshalb sollten Sie übrigens Ihre Laufschuhe und Socken auch ins Handgepäck nehmen, wenn Sie per Flugzeug zu Ihrem ersten Marathon reisen. Falls Ihr Gepäck nämlich einen ungeplanten Umweg nehmen sollte: Sie können alles andere problemlos nachkaufen, mit neuen Schuhen allerdings wären Sie an Ihrem großen Tag aufgeschmissen.

Und jetzt: Go! Good job – viel Glück bei den 42 195 Metern. Und denken Sie daran, was Thomas Wessinghage am Vorabend zu den sieben New-York-Debütanten sagte: „Das richtige Marathontempo ist immer einen Tick langsamer, als man glaubt, laufen zu können."

Im Ziel! Und was kommt jetzt?

Noch 20 Meter ... 10 Meter ... 3 Meter ... biiiiep! Sie sind durch! Sie haben es geschafft. Gratulation: Das große Ziel Marathon ist erreicht! Die nächsten Minuten gehören ganz Ihnen und Ihren Emotionen.

Aber: Was kommt danach? Thomas Wessinghage hat unseren sieben Läufern vor Beginn des ersten Trainings gesagt „Gesund ist es nicht gerade, was wir an diesem Tag machen, aber was wir auf dem Weg dahin machen, das könnte gesünder nicht sein". Oberste Priorität hat deshalb in den Stunden und Tagen danach Ihr geschundener Körper:

- Gönnen Sie ihm vielleicht gleich im Zielraum eine Massage, bei vielen Marathons wird dieser Service angeboten. Auch eine heiße Dusche tut ihm gut.
- Beginnen Sie auch gleich damit, seine Kohlenhydrat- und Wasserspeicher wieder aufzufüllen.
- Abends vielleicht noch ein heißes Bad und dann lange schlafen.

Unmittelbar nach dieser Anstrengung lauert auch noch eine andere Gefahr: Die Abwehrkräfte Ihres Körpers sind so geschwächt, dass es Viren und Bakterien leicht haben. Also seien Sie in den Tagen danach ein bisschen vorsichtiger. Eine Woche Laufpause dürfen Sie sich jetzt ruhig gönnen. Manche allerdings zieht es schon nach zwei Tagen wieder zu einem kurzen regenerativen Lauf hinaus.

Planen Sie Ihr weiteres Training

Und spätestens jetzt sollten Sie planen, wie es in den Wochen und Monaten danach weitergehen soll. Wo wollen Sie hin? Wieder zurück auf ein niedrigeres Level? Oder einen weiteren Marathon laufen? Oder sogar weitermachen mit einem Triathlon? Alles steht Ihnen offen, nur eines sollten Sie nicht tun: schlagartig aufhören.

» Ein abrupter Trainingsabbruch kann schlimme Folgen haben. «

Gefährlicher Trainingsstopp

Nennen wir ihn Kevin. Kevin ist seit Jahren Leistungssportler, nach einem Grundsatzkrach mit seinem Trainer hört er von einem Tag auf den anderen auf. Mit katastrophalen Konsequenzen. Ke-

vins Körper hatte auf den jahrelangen Leistungssport entsprechend reagiert: Das Herz passte sich Schritt für Schritt den hohen Belastungen an, indem es sich ständig vergrößerte – Kevin bekam ein Sportlerherz.

Auf das abrupte Ende reagiert nun sein Körper analog: Er passt das Herz den neuen, deutlich geringeren Anforderungen an und verkleinert es. Aus dem prallen, gut durchbluteten Organ wird ein schlaffer, unökonomisch arbeitender Sack – bis zu ersten Herzrhythmusstörungen ist es nur noch ein kleiner Schritt. Verstärkt wird diese Anfälligkeit des Herzens durch Kevins Lebensstil. Die Kalorienmenge seiner Sportlerzeit braucht er nicht mehr, aber er schaufelt trotzdem genauso weiter. Der nun faule Körper lagert die überschüssigen Kalorien im Fettgewebe ein – Kevin nimmt zu. Etwas anderes nimmt dagegen rapide ab: Seine Belastungskapazität ist in sechs Monaten um über 70 (!) % zurückgegangen. Und dann diagnostiziert sein Arzt noch eine koronare Herzkrankheit – Kevin ist ein Risikopatient für den so genannten „Sekundenherztod" geworden!

» Kontrolliertes Training nach dem Marathon ist wichtig! «

Das Leben nach dem Marathon

Wie hätte Kevin diesen rapiden körperlichen Verfall verhindern können? Er hätte seinen Körper langsam an das Leben danach heranführen sollen, das Training kontrolliert reduzieren und sein Essverhalten umstellen müssen. Okay! Sie sind kein Leistungssportler, sondern ein Freizeitläufer, der gerade seinen ersten Marathon absolviert hat – und deshalb vom Sportlerherz wahrscheinlich weit entfernt. Aber trotzdem: Auch Ihr Körper hat sich bereits verändert und an das ständige Training angepasst: Abtrainieren ist damit sicher weniger risikoreich als nicht abtrainieren. Und eine Lehre können Sie aus Kevins Beispiel sicher ziehen: Wenn Sie jetzt aufhören, sind Sie sehr bald wieder da, wo Sie angefangen haben – wäre doch jammerschade. Führen Sie deshalb Ihren Körper kontrolliert auf ein höheres oder ein niedrigeres Leistungsniveau.

Teil D

Sieben haben es vorgemacht ...

Sie haben ein Jahr lang trainiert, sind erfolgreich den New York City Marathon gelaufen – und nun, ein Jahr danach? Was ist aus Anna, Anna-Freda, Iris, Dieter, Frank, Michael und Mücke geworden – laufen sie immer noch?

Ein Jahr nach dem New York Marathon

30. Oktober 2004: Die Aktion „von-null-auf-42“ ist Geschichte. Nicht aber die Menschen. Sechs von sieben stehen vor mir, bereit zum Long Jog an der Damper Ostseeküste. 20 Kilometer, gemütlich in circa 2 Stunden.

Im November 2002, beim Start unseres Projektes, wäre ein solcher Lauf für alle sieben nahezu unvorstellbar gewesen. Heute ist es eine Kleinigkeit. Rank und schlank sind sie geblieben, beinahe so wie vor einem Jahr. Runder ist allenfalls ihr Laufstil geworden, harmonischer, eleganter, beiläufiger. Nichts mehr wirkt angestrengt, gar gequält oder krampfhaft.

Das Laufen hat ihr Leben verändert

Michael hat sich fast zum Leistungssportler entwickelt. Sieht drahtig aus, dynamisch, lebhaft, wirkt positiv, entspannt. Er hat's geschafft. Das weisen auch die Messwerte aus. Sein Herz schlägt heute kräftiger, dafür seltener als früher (niedrigerer Ruhe- und Belastungspuls). Das Schlagvolumen hat sich vergrößert, der Herzmuskel ist stärker geworden.

Mückes Blutdruckprobleme mussten, bevor er mit dem Laufen begann, mit großem medizinischem Aufwand bekämpft werden. Heute kann er sie fast allein durch seine Lebensführung im Lot halten. Nach einem Gewichtsverlust von über 20 kg kein Wunder. „Thomas, für mich hat ein neues Leben angefangen!“ sind seine Worte. Immer wieder.

Am wenigsten verändert hat sich Anna-Freda. Wie auch ihr Körpergewicht. Ein wenig mehr Polsterung hat sie schon, aber nun schwimmt sie ja wieder regelmäßig in der Ostsee und nimmt sogar an Triathlon-Veranstaltungen teil. Ihr BMI liegt bei 22, die Laborwerte sind tipptopp – wie nicht anders zu erwarten.

Frank, der Sprintertyp, hat weiterhin Schwierigkeiten mit seiner kompakten Muskulatur. Ohne Krampf ist er noch nie durchgekommen, obwohl er jetzt schon mehrere Marathonläufe hinter sich hat. Doch

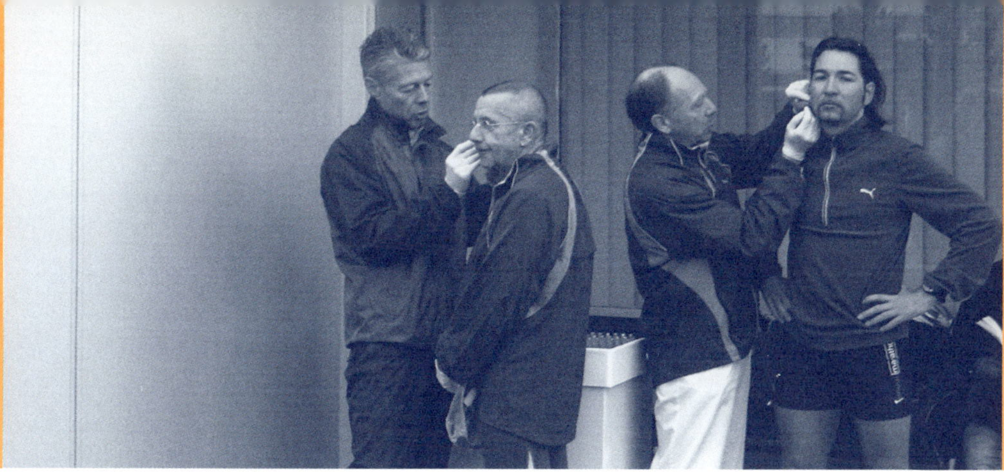

sein Laufstil ist besser geworden, ebenso sein Herz-Kreislauf-Verhalten. Im März 2003 lief er 10 km/h mit einem Puls von 168/min und einem Laktatwert von 2,1 mmol/l. Jetzt sind Geschwindigkeit und Laktatwert identisch, der Puls um fast 20 Schläge niedriger.

Auch Dieter hat seine Leistungsfähigkeit nicht ganz halten können. Kein Wunder bei seinem voll gepackten Terminkalender. Auch bei ihm hat sich eine höhere Laufökonomie eingestellt. Nicht mehr auf dem Niveau von New York, aber etwa so wie im Juli 2003: Damals lief er mit einem Puls von 169/min und einem Laktatwert von 3,0 mmol/l 11,3 km/h schnell. Damit gehört er fraglos zu den fittesten Managern in Deutschland.

Besonders gefreut habe ich mich, Iris beim Berlin Marathon 2004 durchs Ziel laufen zu sehen. Sie strahlte, war ohne Schmerzen und viel schneller als in New York. Iris ist ausgeglichener geworden, läuft besser, eleganter und nicht zuletzt glücklicher. Endlich scheint sich ihr phasenweise geschundener Körper auf die regelmäßigen Belastungen des Laufens eingestellt zu haben. Für manche ist ein Jahr Marathon-Vorbereitung eben doch etwas knapp.

Eine fehlt. Anna ist nicht da. Sie hat den Transfer nicht geschafft. Sie nimmt nicht wie die anderen an Sportveranstaltungen teil. Was sich schon während der 12-monatigen Marathon-Vorbereitung abzeichnete, bestätigt sich im Nachhinein. Nicht alle haben die Energie, den Willen, ihr Leben so grundlegend zu ändern. Aber sechs von sieben – ein hervorragendes Resultat, mit dem keiner der Initiatoren rechnen konnte.

Anna:

» Der Umstieg auf Walking war für mich der Durchbruch. «

Anna war von Anfang an ein schwieriger Fall: sie war krank. Hoher Blutdruck, ein wild hüpfender Puls, körperlich kaum belastbar, Rheuma: „Es wird nicht einfach sein, sie ins Laufen zu bringen“, meinte Thomas Wessinghage bei der ersten Untersuchung, „aber man kann es ja versuchen“. So betrachtet sind wir bei Anna allerdings gescheitert: Ins Laufen hat sie niemals gefunden, der Abstand zu den sechs anderen Läufern wurde ständig größer.

Und dann kam Mainz. Der Halbmarathontest nach 6 Monaten. Und ein Debakel für Anna. Bis Kilometer 17 hatte sie durchgehalten, dann bekam sie Atemprobleme. Zwei zufällig vorbeikommende Sanitäter riefen den Notarzt und der ließ sie mit dem schlimmen Verdacht „Angina pectoris“, eine Vorstufe des Herzinfarkts, sofort in die Uniklinik bringen.

Der Tiefpunkt, der zugleich der Wendepunkt war

Die Ärzte waren ratlos: Anna war nach wie vor „laufgesund“, das heißt, Herz und Kreislauf waren in Ordnung. Möglicherweise hatte eine Pollenallergie die Atemnot ausgelöst oder die letzten Reste einer Infektion, die sie sich auf einer Indienreise kurz davor zugezogen hatte; vielleicht hatte Anna an dem heißen Tag auch nur zu wenig getrunken – auf jeden Fall war Mainz für sie der Tiefpunkt. Und da Anna eben Anna ist, war der Tief- zugleich auch der Wendepunkt: Anna stieg um auf Walking. Und war plötzlich glücklich: Walking war ihr Ding.

Sonntag, 2. November 2003, gegen 17:30 Uhr: Der New Yorker Central Park liegt schon im Dunkeln. Vor eineinhalb Stunden ist der vorerst Letzte der Gruppe – Frank – durchs Ziel gegangen. Jetzt ist die Gegend um Tavern on the Green fast menschenleer. Dann biegt Anna auf die Zielgerade ein, walkend, winkend, nur noch 247 Läufer sind hinter ihr. Vielen Fernsehzuschauern ging es bei diesen Bildern genauso wie uns an der Strecke: Man musste schlucken, um die Tränen zurückzuhalten. Denn ganz ohne Worte vermitteln diese emotionalen Bilder, was die eigenwillige Frau geleistet hat: Sie hat New York gemacht und es allen Zweiflern gezeigt! Und das bei ihrem desolaten Zustand zu Beginn des Trainings.

Interview mit Anna

Ein Jahr danach: Wie sieht dein Laufpensum heute aus?

Ich trainiere immer noch, aber gemäßigt, zwischen 5 und 10 Kilometer. Neulich bin ich 9,5 Kilometer in circa 1,5 Stunden gewalkt und hatte noch Luft. Außerdem habe ich mich einem Bonner Sportverein angeschlossen.

Versuchst du, ständig marathonfit zu bleiben?

Warum sollte ich ständig marathonfit bleiben? Ich möchte fit bleiben, meine Gesundheit stärken, Wettkämpfe sind für mich zweitrangig.

Gab es Perioden, in denen es besonders schwierig war, das Trainingsprogramm in den Alltag einzubauen?

Ja, gab es, vor allem in diesem Jahr. Ich bin immer total ausgepowert, wenn ich von der Arbeit komme, da ich für jede Strecke circa 1,5 Stunden mit der Bahn brauche (inklusive Wartezeiten auf zugigen Bahnsteigen). Und sich dann noch aufzuraffen, ist hart.

Für die oft gestellte Behauptung „Jeder gesunde Mensch kann einen Marathon laufen" warst du ja das Gegenbeispiel. Was denkst du: Kann zumindest jeder gesunde Mensch einen Marathon walken?

Jeder gesunde Mensch kann einen Marathon laufen. Und ich bin kein Gegenbeispiel. Übergewicht ist eine Erkrankung, ich war also nicht gesund. Walken ist für einen nicht so gesunden Menschen, und das sind mindestens 50 % der Bevölkerung, die bessere Möglichkeit, es belastet den Körper wesentlich weniger.

Wie hat sich dein Gewicht seit New York entwickelt?

Erst einmal ging es wieder hoch, logisch, ich habe ja auch weniger trainiert. Dann waren da ein paar sehr nette Einladungen von Freunden mit sehr leckerem Essen. Na ja, jedenfalls hat die Waage ziemlich ausgeschlagen. Also blieb mir nichts anderes übrig, als mich zu zügeln.

Wenn du deine körperliche und geistige Leistungsfähigkeit von heute mit der vor Trainingsbeginn vergleichst, was sind die markantesten Unterschiede?

Körperlich bin ich natürlich viel besser drauf als vor dem Trainingsbeginn. Und geistig? Wacher, bissiger, selbstbewusster, würde ich sagen.

Wenn du Läufer siehst: Juckt es dich manchmal, es vielleicht doch noch mal mit Laufen zu versuchen?

Warum sollte es mich jucken, mit Läufern Schritt zu halten? Ich bin Vegetarierin und versuche auch nicht, mit Fleischessern mitzuhalten!

Interview mit Iris

Du hast dir nach New York dein Knie behandeln lassen: Wie war denn nun die letztendliche Diagnose und was ist seither passiert?

Im August 2003 – drei Monate vor dem New York Marathon – hatte ich mir bei einem Trainingslauf das linke Knie verdreht. Die Ursache für die Schmerzen wurde trotz intensiver ärztlicher Untersuchungen nie richtig herausgefunden. Erst bei einer Kniespiegelung im Januar 2004 wurde festgestellt, dass der Außenmeniskus bei dem Fehltritt eingerissen war und bei jedem Schritt Schmerzen verursachte. Nach der Operation (Teilresektion und Needling) stellten sich mit Aufnahme des Trainings im März erneut Schmerzen im linken Knie ein. Offenbar war der Meniskus nicht die alleinige Ursache. Ende Mai wurde deshalb erneut eine Arthroskopie vorgenommen, wobei eine Hoffahypertrophie beseitigt und ein Patellasehnenrelease gemacht wurde. Jetzt sind die Probleme mit dem Knie offenbar behoben. Prophylaktisch trage ich bei längeren Läufen jedoch noch eine so genannte Patellasehnenbandage.

Ein Jahr nach New York: Wie sieht dein Laufpensum heute aus?

Ab Juli 2004 konnte ich wieder regelmäßig laufen und habe mich auf den Berlin Marathon im September 2004 vorbereitet. Ich trainiere jetzt 2- bis 3-mal in der Woche – 16 bis 30 Wochenkilometer. Die längeren Läufe, bis 15 km, lege ich aufs Wochenende. Die Zeiten spielen dabei überhaupt keine Rolle. Ich laufe im Wohlfühlbereich und ganz ohne Druck, wenn es mal nicht hinhaut, dann ist das eben so und es macht mir gar nichts aus.

Wenn du deine körperliche und geistige Leistungsfähigkeit von heute mit der vor Trainingsbeginn vergleichst, was sind die markantesten Unterschiede?

Im Gegensatz zu vorher stehe ich heute gern früher auf, um vor dem Frühstück zu laufen. Wenn der Tag anbricht und noch keine Menschenseele unterwegs ist, genieße ich die Stille und die Natur. Danach kommt man gut durch den Tag.

Seitdem ich mich an der frischen Luft bewege, habe ich keine Erkältungskrankheiten mehr.

Letzte Frage: Kann man seinen Problemen davonlaufen?

Vor Trainingsbeginn glaubte ich, man könne vor seinen Problemen weglaufen, nach New York weiß ich, man kann seine Probleme „weglaufen".

Iris:

» Der Marathon war der große Lauf zu mir selbst. «

Iris war von allen sieben Läufern die am stärksten motivierte. Und das sollte ihr im Laufe des Trainingsjahres immer größere Schwierigkeiten bereiten. Iris wollte endlich mal etwas für sich machen, nicht immer der „Dödel für alles sein", sich und anderen beweisen, zu welcher Leistung sie fähig ist – aber sie wollte auch mal ausprobieren, ob man Frust und alltäglichen Problemen davonlaufen kann.

Doch dann kam eine Verletzungspause nach der anderen; bereits im zweiten Trainingsmonat ging es mit Hüftschmerzen los – Folge eines verkürzten Beins nach einem früheren Motorradunfall. Iris bekam Einlagen – und gleich darauf Schmerzen im linken Schienbein. Die Einlagen werden angepasst, jetzt macht ihr aber eine Bronchitis zu schaffen. Iris will den ganzen Trainingsrückstand aufholen, verschärft ihr Pensum – und bekommt wieder Schienbeinschmerzen, aber diesmal auf der rechten Seite. So ging es in einem fort: Was ein Befreiungslauf sein sollte, wurde zum quälenden Marsch durch ein langes Tal der Schmerzen.

Eine Odyssee der Schmerzen

Iris ist zutiefst frustriert, alles scheint sich gegen sie zu verschwören: „Ist ein Trainingslauf super und schmerzfrei, verläuft der nächste schlecht und schmerzhaft. Gehen wir ins Restaurant, ist das Gericht, das ich bestelle, aus. Will ich bei Sonne laufen, regnet es ..." – so schreibt sie in ihrem Buch. Buch? Es dauerte ein bisschen, bis Iris selbst so richtig zu begreifen begann, was dieses Jahr ihr eigentlich gebracht hatte: Unter schwierigsten Bedingungen hatte sie New York gemeistert, und sie hatte auch ihr zweites großes Ziel erreicht: ein Buch zu schreiben. Neun Monate nach ihrem Lauf erschien „Iris Gehrmann: Einmal Marathon in New York". 189 Seiten darüber, was ein Marathontraining eben auch sein kann: eine Quälerei.

Nach New York ließ Iris auch ihr Knie operieren – endlich. Und knapp ein Jahr nach New York konnte sie endlich – in Berlin – einen „richtigen" Marathon machen, nicht mit vielen Sicherheitsgehpausen wie in New York, sondern sie konnte durchlaufen.

Anna-Freda:

» Laufen macht mich stärker, mental und körperlich. «

Anna-Freda war sicherlich der eigenwilligste Kopf unserer Lauftruppe.

Verheiratet, drei Söhne, Landarztgattin in einem idyllischen Dorf an der Ostsee. Irgendwann einmal hatte sie ihre Pläne, Kunst zu studieren, aufgegeben und sich auf das Abenteuer Familie eingelassen. Ohne dass allerdings ihre Erscheinung als Paradiesvogel darunter gelitten hätte. Bald war sie in der ganzen Umgebung bekannt. Das liegt sicher auch daran, dass Anna-Freda jeden Tag – jeden! – in der Ostsee badet – egal, wie feucht und kalt es auch immer ist.

Thomas Wessinghage bekam diese – in viel Charme und Fröhlichkeit verpackte – Kompromisslosigkeit bald zu spüren, als Anna-Freda erklärte, sie wolle sich nicht von seinen Trainingsplänen unter Druck setzen lassen: „Ich spüre doch, was ich meinem Körper zumuten kann und was nicht. Da brauche ich doch kein Papier aus dem Computer.“ Für Thomas Wessinghage – sonst eher gewohnt, dass die Menschen an seinen Lippen hängen – eine ungewohnte Situation, doch er biss auf die Lippen und steckte es weg.

Und noch ein zweites Mal musste er dies tun, als er die sieben Läufer am Ende des Trainingsjahres untersuchte: Anna-Freda hatte mit Abstand die besten Werte. „Kein Wunder“, knurrte er, „sie hat ja auch einen guten Trainer!“

Laufen und laufen lassen

Wahrscheinlich war auch Thomas Wessinghage nur selten ein Mensch begegnet, der so traumhaft sicher seinen Körper zu deuten wusste wie Anna-Freda. Sie war es auch, die die anderen Läufer immer wieder etwas zu dämpfen versuchte: „Wenn ihr keine Lust zum Laufen habt, dann hört auf euren Körper und lasst es sein. Er wird schon seine Gründe haben.“

Aber wenn sie trainierte, dann kam sie aufgeladen und voller Energie zurück: „Irgendwie musste ich das doch loswerden.“ Und Anna-Freda fand auch ihren Weg: Sie begann wieder zu malen. „Laufen und laufen lassen“ hieß ihr Kunstprojekt, das ihr Marathonabenteuer begleitete: „Ein Jahr Training, zwölf Leinwände in Öl, Aquarelle auf 42 geschöpften großen Büttenpapieren, mit Farben, die eine Dynamik festhalten, die beim Marathonlauf greifbar ist“ – so beschreibt sie die künstlerische Frucht ihres neuen Lebens. Wer einen bildlichen Eindruck von ihren Werken erhalten möchte, kann dies unter: www.annafreda.de

Interview mit Anna-Freda

Ein Jahr danach: Wie sieht dein Laufpensum heute aus?

Im Frühjahr bin ich häufiger Halbmarathons gelaufen. 3- bis 4-mal in der Woche sportlich aktiv gewesen. Eine Stunde am Tag nehme ich mir einfach. Dafür schaue ich kein Fernsehen. Es ist eine Frage der Prioritäten. Im Sommer war es mehr das Training im Wasser, mit dem ich mich fit hielt, um im Herbst einen Marathon zu laufen.

Versuchst du, ständig marathonfit zu bleiben, oder hast du ausgeprägte Rückschaltphasen?

Ich bin ein wenig wie die Natur – ich überlasse meinem Körper, wohin er mich trägt, und nicht, wie weit ich ihn treiben kann, denn ich bin in erster Linie eine „Bewegungskünstlerin", um mich gesund und munter zu halten. Mir ist es wichtig, mich herauszufordern und meine Ziele zu erreichen. Dabei fühle ich mich gut, weil mich jeder Kilometer, den ich zurücklege, stärker macht – sowohl mental als auch körperlich.

Wenn du deine körperliche und geistige Leistungsfähigkeit von heute mit der vor Trainingsbeginn vergleichst, was sind die markantesten Unterschiede?

Die körperliche Fitness ist natürlich höher. Es hat mich aber wirklich sehr überrascht, dass Laufen besonders mental frei macht. Die Gedankengänge, die man beim Laufen entwickelt, hat man nirgendwo anders.

Wie hat sich dein Gewicht seit New York entwickelt?

Konstant zwei Kilo mehr.

Hat dir das Laufen etwas gegeben, was du nicht mehr missen möchtest?

Freiheit, mehr Kraft, mehr Mut, unbändige Kreativität und noch vieles mehr.

Wie hat eigentlich deine Familie dein New-York-Projekt verkraftet? Standen alle immer vorbehaltlos hinter dir oder gab es da auch Kritik?

In unserer Familie macht jeder, sportlich gesehen, was ihm gut tut. Und da hat sich bei meinen vier Männern bisher noch keiner gefunden, der sich mit Ausdauersportarten auseinander setzen möchte. Es ist ein Zeitfaktor, und mit Marathongedanken beschäftigen sich 15- bis 20-jährige Jungen einfach nicht.

Interview mit Mücke

Mücke, ein Jahr danach: dein Fazit!

Auch im zweiten Lebenslaufjahr werde ich wieder 2000 Kilometer gelaufen sein. Einen Marathon zu machen, gut trainiert und vorbereitet, ist für mich mittlerweile fast normal. Das klingt überheblich. Ist es aber nicht.

Wie hat sich dein Gewicht nach New York entwickelt?

Damals wog ich 69,7 Kilo, jetzt habe ich mich bei 72 Kilo eingependelt.

Was denkst du: Mit welchen Gefühlen wirst du deinen 65. Geburtstag feiern?

Eines steht schon fest: Wenn ich gesund bleibe, laufe ich zur Feier nochmals den New York City Marathon! Aus der Sicht eines 62-Jährigen ist die „65" noch weit entfernt, aber auf jeden Fall wird sie läuferisch viel Positives bringen, etwa die neue Altersklasse „M 65", denn das bedeutet: Weniger Altersklassenläufer, weniger Konkurrenz und damit bessere Platzierungen. Aber es geht ja nicht um Rekorde ...

Eine Spekulation: Wie hätte dein weiteres Leben ausgesehen, wenn du dich 2002 nicht für das Laufen entschieden hättest? Wie würdest du heute aussehen? Wie wäre dein Gesundheitszustand?

Also ich will jetzt mal wild spekulieren: Mücke wäre immer fetter geworden, hätte plötzlich Atembeschwerden bekommen, 2-mal täglich inhaliert und die Diabetes behandelt, zusätzlich mit Tabletten den Bluthochdruck herabgedrückt. Und dann: Zeitungsannonce – „Plötzlich und unerwartet, in der Blüte seines Leben ..."

Was ist für dich heute das einschneidenste Erlebnis?

Es ist die Popularität – auch ein Jahr nach New York hat sie nicht nachgelassen. Die Leute, die mich auf „von-null-auf-42" ansprechen, lassen sich in drei Kategorien teilen:
1. Die „alten" Läufer, nicht immer einverstanden mit dem Anspruch, innerhalb eines Jahres den Marathon zu laufen, zollten mit dem Ruf „Respekt, Mücke" ihre Anerkennung.
2. Die „neuen" Läufer, die riefen: „Du bist schuld, dass ich hier bin" und „Danke".
3. Und dann die „Fans", beim Laufen, am Straßenrand oder in einem Sportgeschäft. Und die ungläubige Frage: „Bist du der ‚Mücke', aus dem Fernsehen?" Sogar im tiefsten Dschungel von Borneo war die Sendung Gesprächsthema.

So viel Zuwendung zu erhalten, bedeutet auch, wieder viel abgeben zu können. Ein wunderbarer Kreislauf, eine Quelle ewiger Energie. Also: Es lohnt sich zu laufen, immer!

Mücke war von den sieben derjenige, der die Zuschauer am stärksten berührte. Wenn Mücke zurückblickte und von seinen „Lebensrettern" sprach, also von jenen, die ihn zum Laufen brachten, dann begann regelmäßig seine Stimme zu beben und seine Augen bekamen einen feuchten Schimmer – keiner hatte so nahe am Wasser gebaut wie er.

Aber Mücke war auch zu Beginn am weitesten unten gewesen; Iris war vielleicht unzufrieden mit ihrem Leben, dafür aber fit, Mücke dagegen war ein viel zu dicker kleiner Mann mit viel zu hohem Blutdruck, ganz dicht an der Schwelle zu Herzinfarkt und Schlaganfall. Und als Mücke 60 Jahre wurde, da war alles noch viel schlimmer – denn jetzt war er nicht nur fett, sondern auch noch alt. So sah er das damals zumindest. Und er fiel in eine tiefe Depression und Antriebsarmut, an seinem 60. Geburtstag bekam man ihn nur mit Mühe aus dem Bett.

Mücke:

» Laufen ist für mich zum neuen Lebenssinn geworden. «

Die Pfunde schmelzen, die Kondition wächst

In diesem Zustand bot sich Mücke der rettende Strohhalm. Und er griff zu, das heißt, für ihn wurde zugegriffen. Denn seine couragierte Frau hatte – zusammen mit Freunden – einfach die Anmeldung zu unserem TV-Experiment losgeschickt und ihren Mann erst aufgeklärt, als eine Einladung zum Casting im Briefkasten lag.

Der Rest klingt wie ein Wunder: In nur 16 Wochen verliert Mücke 16 Kilogramm, nach einem Jahr waren es knapp 20 Kilo. Und auch seine Laufgeschwindigkeit, die natürlich erheblich unter seinem viel zu hohen Gewicht gelitten hatte, verbesserte sich enorm. Und dann war der älteste auch noch der zweitschnellste unserer sieben Läufer in New York: In nur 4:38:30 schaffte er die 42 Kilometer – das Beispiel Mücke zeigte überdeutlich: Ein „zu dick" oder „zu alt" gibt es für das Laufen nicht.

Schon sehr bald war Mücke klar, dass nicht nur laufen, sondern auch der Marathon nach New York ein fester Bestandteil seines Lebens bleiben würde. Bereits sieben Monate danach lief er den Stockholm-Marathon (4:33:31) und weitere vier Monate später Berlin (4:40:20).

Michael:

» Der Marathon war schon ein einschneidendes Erlebnis! «

Michael war der widersprüchlichste Teilnehmer an unserem Projekt. Auf der einen Seite äußerte er stets, dass er sich in diesem Jahr mental kaum verändert habe, er sei vor Beginn des Laufens ein ebenso zufriedener Mensch gewesen wie nach dem New York Marathon, so etwas wie „Runner´s High" hätte er nie verspürt. Auf der anderen Seite war er – noch mehr als Mücke – der Protagonist mit den auffälligsten körperlichen Veränderungen. Er hatte am meisten Gewicht verloren, von 90 war er auf 67,6 Kilo „runtergelaufen", sein Fettanteil war von 29,1 % auf 15,2 % gesunken.

Eine dramatische Verbesserung, denn Michael war am Anfang des Projekts nicht sonderlich gut drauf gewesen: zu dick, viel zu hoher Blutdruck; darüber hinaus zeigten sich beim ersten Check durch Thomas Wessinghage merkwürdige Doppelschläge seines Herzens.

Alles im Griff

Michaels körperlicher Zustand hatte sich im Laufe des Trainingsjahres enorm verbessert. Und Michael war auch ein Paradebeispiel dafür, wie man bei sinkender Herzfrequenz immer längere Strecken in immer schnellerem Tempo zurücklegen kann. Und so war er in New York auch der schnellste unserer sieben Läufer: In nur viereinhalb Stunden hatte er sein Marathondebüt in trockenen Tüchern.

Ein altgedienter SWR-Tontechniker kommentierte Michaels auffällige Veränderung so: „Der Reufsteck sieht ja wieder so aus wie in seinen ersten Tagen" – aus dem Moppel war wieder ein drahtiger junger Mann geworden.

Trotzdem bestand Michael darauf: Nein, den großen Kick hätte ihm das Laufen nicht beschert. Und wenn wir in der Redaktion spekulierten, wer wohl weitermachen würde: Mit Michael rechnete keiner so richtig.

Zu Unrecht: Immer wenn wir Michael sahen, mussten wir feststellen, dass er noch immer nicht wieder Gewicht zugelegt hatte – offenbar war das Laufen doch ein fester Bestandteil seines Lebens geworden. Und tatsächlich: Nach einem Jahr lief er den Berlin Marathon. Und mit 3:52.14 gleich um über eine halbe Stunde schneller als New York.

Interview mit Michael

Unmittelbar nach New York hast du gesagt, dass du dich durch das Laufen – abgesehen von 20 Kilo weniger – wenig verändert hast. Siehst du das mittlerweile anders? Hat das Laufen vielleicht doch eine ganz andere Qualität in dein Leben gebracht?
Nein!

Wie sieht dein Laufpensum heute aus?
Ich laufe je nach Wetter 2- bis 5-mal pro Woche, in der Regel circa 12 Kilometer, längere Läufe maximal 20 bis 25 Kilometer. Ich habe ausgeprägte Rückschaltphasen, vor allem im Winter, steigere das Pensum aber im Frühjahr wieder.

Beim Rückblick auf das Trainingsjahr: Was waren die wichtigste Erfahrung und das einschneidenste Erlebnis?
Die wichtigste Erfahrung war, ein gesetztes Ziel, und wirkt es noch so unrealistisch, durch eisernen Willen wirklich erreichen zu können. Der Marathon an sich war das einschneidenste Erlebnis.

Wie hat sich dein Gewicht seit New York entwickelt?
Es ist unverändert.

Wenn du deine körperliche und geistige Leistungsfähigkeit von heute mit der vor Trainingsbeginn vergleichst, was sind die markantesten Unterschiede?
Die geistige Leistungsfähigkeit hat sich nicht verändert, körperlich bin ich jetzt in der Lage, einen Schritt vor den anderen zu setzen, ohne anschließend duschen zu müssen.

Du bist ja quasi „on air" gelaufen, das ganze SWR3-Publikum hat mitgefiebert. Was hast du denn an Hörerresonanz alles erlebt?
Die Resonanz war unglaublich. Die enorme Unterstützung durch SWR3-Land war schön und wichtig. Als ich dachte, ich nerve bestimmt schon mit meinen Geschichten, feuerten die Hörer mich noch immer an, motivierten mich und sprachen mir Mut zu. Am Tag des Marathons erreichte die Zahl der Mails, die ins Studio geschickt wurden, einen neuen Rekord. Danke!

War dein Experiment ansteckend für die Hörer? Weißt du, ob dir viele nachgeeifert haben?
Ja, sehr viele haben mir seitdem berichtet, dass sie durch unsere Aktion motiviert wurden und ebenfalls mit dem Laufen begonnen haben. Beim Marathon in Berlin wurde ich unterwegs oft angesprochen, überwiegend von Menschen, die an dem Tag ihre Marathonpremiere hatten. Dass mancher motiviert würde, hatte ich erwartet. Dass es so viele sind, hat mich überrascht.

Interview mit Frank

Ein Jahr danach: Wie sieht dein Laufpensum heute aus?

Es orientiert sich nicht mehr streng an irgendwelchen Trainingsplänen, sondern ist mehr zeit- und lustgesteuert. Ruhephasen nutze ich, um meine ständig gereizte Achillessehne zu pflegen.

Gab es Perioden, in denen es besonders schwierig war, das Trainingsprogramm in den Alltag einzubauen?

Das ist grundsätzlich nicht leicht, aber durch immer wieder neue Zielsetzung und Motivation schaffe ich es dann doch, auch bei hoher privater und beruflicher Auslastung zu trainieren. Und wenn es nicht klappt, auch nicht schlimm: Ich habe festgestellt, dass sich auch längere Trainingspausen, zum Beispiel 10 Tage, nicht nachteilig auf meinen Zustand auswirken.

Wie hat sich dein Gewicht seit New York entwickelt?

Es hat sich nicht wesentlich verändert, sondern bei 79 Kilo eingependelt.

Wenn du deine körperliche und geistige Leistungsfähigkeit von heute mit der vor Trainingsbeginn vergleichst, was sind die markantesten Unterschiede?

Die markantesten Unterschiede sind natürlich die körperlichen Merkmale. Der Gewichtsverlust und der Muskelaufbau sorgen dafür, dass ich mich wohler fühle. Zusätzlich zum Laufen habe ich Spaß am Radfahren und Schwimmen gewonnen.

Meine geistige Leistungsfähigkeit dagegen hat sich – wie ich fürchte – nicht verbessert, aber wie ich doch hoffe, auch nicht verschlechtert!

Wie siehst du heute das Thema „Krampf": Hast du möglicherweise eine Neigung zu Muskelkrämpfen?

So schlimm wie in New York ist es nie wieder gewesen. Ich bin mittlerweile auch besser vorbereitet. Ich denke schon, dass ich zu Krämpfen neige, und das hängt wohl einfach damit zusammen, dass ich eine recht ausgeprägte Muskulatur habe, die jedoch nicht entsprechend gefordert oder gefördert wird.

Bei den letzten beiden Marathons habe ich jedoch vor dem Lauf eine kräftige Magnesiumkur gemacht und direkt vor und während der Belastung Natrium zugeführt. Wenn dann ab Kilometer 30 die bekannten Probleme trotzdem auftauchen, gehe ich kurz oder dehne die betroffenen Muskeln. Das hat bis jetzt gereicht, um mich verletzungsfrei ankommen zu lassen.

Frank:

» Mir hat der Marathon den Kick gebracht! «

Frank: gesund und voll belastbar, optimistisch und selbstbewusst – aber … New York, 2. November 2003: Ein Mann steht am Rand der 1st Avenue, auf einem Bein, das andere zieht er mit der Hand gegen den Po, einige Sekunden lang hält er den Kopf still gesenkt, dann bahnt sich seine aufgestaute Wut in einem „four-letter word“ den Weg hinaus. Es war der 20. Krampf. Oder der 30. Von insgesamt 50. Oder 60. Egal! Der New York Marathon war für Frank ab Kilometer 23 eine einzige Hölle.

Warum er dennoch nicht aufgegeben hat? Sicher: Frank wollte einfach das Ziel erreichen, war willensstark und ehrgeizig. Das Entscheidende aber waren eine Hand voll Jungs ein paar tausend Kilometer weit weg in der Justizvollzugsanstalt Remscheid.

Durchhalten war Ehrensache

In Remscheid ist Frank Vollzugsbeamter. Beruflich hat er seinen Zenit längst erreicht, weiter kommt er im uniformierten Dienst nicht, deshalb hat er schon vor Jahren begonnen, neue Ziele zu suchen. Der Marathon war das zweite. Das erste Ziel: Er hatte eine Knastband gegründet, aus Mördern, Dealern, Räubern, „The Outcast“. Und er setzte durch, dass sie CDs aufnehmen und in anderen Knasts auftreten dürfen. Ehrensache, dass sie ihm auch einen New-York-Titel schrieben, „Go“, eine Laufhymne, mit der wir dann die New-York-Sequenzen der TV-Serie unterlegten.

Und einer dieser Jungs hatte ihm am Abend vor dem Abflug die Hand gedrückt. Und gesagt: „Du weißt, wir können mit allem leben. Nur nicht mit Enttäuschungen.“ Was hätten seine Jungs gesagt, wenn er irgendwo auf der Strecke resigniert das Handtuch geworfen hätte?

War das sein Antreiber? Egal. Er biss sich jedenfalls mit eisernem Willen durch die Strecke, und erst als er im Central Park mit seiner Frau telefonierte, die zu Hause wie auf Kohlen gesessen war, da kamen dem harten Jungen die Tränen. Aber nur ganz kurz.

Franks Marathonprojekt ist übrigens bei den Inhaftierten so gut angekommen, dass es im Gefängnishof einen Halbmarathon geben wird: Insgesamt müssen 50 Runden über die Höfe gelaufen werden.

Dieter:

» Ich brauche das Laufen als Ausgleich für meinen stressigen Job. «

Dieter war einer der vielen „Nicht-mehr-Läufer" – und schuld daran war sein Job. Manchmal muss man wirklich – wenn man über Männer sprechen will – mit den Frauen beginnen. Katja ist Lehrerin, Mutter zweier kleiner Kinder und Ehefrau von Dieter, einem agilen und vor lauter Ideen übersprudelnden Chef einer erfolgreichen Familienbrauerei im Südschwarzwald. Da Katja eine ebenso herzliche Frau wie nüchterne Beobachterin ist, war ihr stets klar, welchen Belastungen ihr Mann in seinem Job ausgesetzt war und welches enorme gesundheitliche Risiko sich damit verband. In der zeitintensiven Spätphase des Marathontrainings reagierte sie deshalb auch nicht so, wie man es erwarten könnte, also etwa mit „Nie hast du Zeit für uns!". Stattdessen nahm Katja die Dinge in die Hand. Abends radelte sie, mit ihren Kindern im Fahrradanhänger, neben Dieter her – auf diese Weise kam er nicht in den Konflikt, sich zwischen Familie und Trainingsdisziplin entscheiden zu müssen.

Trainingstermine wie Geschäftstermine behandeln

Trotzdem gab es in seinem Dauerstressjob immer wieder Situationen, in denen es nur allzu vernünftig gewesen wäre, den Marathon einfach sein zu lassen und aufzugeben. Auf der anderen Seite war natürlich Dieter auch Geschäftsmann genug, um den Wert der Popularität einschätzen zu können, den ihm seine erfolgreiche Marathonteilnahme vor laufenden Kameras einbringen würde. Von daher war Dieters Fall mustergültig: Die Familie diskutiert die Situation, setzt Prioritäten – und findet dann auch den Weg, sie umzusetzen.

Wie gut das bei den Schmids funktionierte, zeigte sich vor allem in dem Umstand, dass Dieter nach New York nicht alles aufgab und erst mal Business und Familie nachholte, sondern weiterlief: In den folgenden zwölf Monaten absolvierte er sogar zwei weitere Marathons. Für Dieter ist das eine Art Lebensversicherung und auch Katja sieht das so: „Was nützt uns der berufliche Erfolg, wenn Dieter mit 40 Jahren an einem Herzinfarkt wegen Überarbeitung stirbt?"

Interview mit Dieter

Ein Jahr danach: Wie sieht dein Laufpensum heute aus?

In der Regel trainiere ich 3- bis 4-mal die Woche. Ich habe aber in der Zwischenzeit auch das Fahrradfahren fest in den Trainingsplan integriert, da ich ja mit dem „Waldhaus Fun-Mountain-Bike-Marathon" meinen eigenen Marathon ins Leben gerufen habe.

Etwa zehn Wochen vor einem Marathon erhöhe ich den Trainingsumfang entsprechend meinen Vorbereitungen für New York, das heißt, ich laufe mindestens 5-mal die Woche und dann auch bis zu 30 Kilometer.

Gab es Perioden, in denen es besonders schwierig war, das Trainingsprogramm in den Alltag einzubauen?

Natürlich gibt es immer wieder Situationen, wo ein geplanter Trainingstermin platzen muss – zum Beispiel, wenn bei unserem Brauerei-Oktober-Festival ein Riesenandrang herrscht oder wenn auf einen Schlag mehrere Fahrer ausfallen ... Als Geschäftsführer einer kleinen Privatbrauerei erlebt man solche Situationen leider viel häufiger, als man sich das wünscht. Dann ist es für mich schlichtweg unmöglich, meine Trainingseinheiten durchzuziehen.

Was denkst du: Hat deine Familie eher gelitten oder profitiert?

Dadurch, dass meine Frau Katja nun auch mit dem Laufen angefangen hat und bereits ihren ersten offiziellen Halbmarathon gelaufen ist, würde ich ohne Zögern behaupten, dass unsere Familie sehr profitiert hat. Zudem sind nun auch meine beiden Kids – drei und fünf Jahre – mittlerweile vom Laufen so angeheizt, dass sie es gar nicht mehr abwarten können, bis sie beim ersten Mini-Marathon starten können.

In der Zwischenzeit bin ich ja schon meinen dritten Marathon gelaufen, nach New York in Zürich und Berlin. Jedes Mal konnte ich meine Zeit verbessern. Dies wäre nicht möglich gewesen, wenn meine Familie unter diesem Hobby leiden würde.

Was bringt dir das Laufen beruflich?

Das Laufen befreit die Gedanken. In dieser störungsfreien Zeit mache ich mir über viele wichtige Projekte, Ziele und anstehende Probleme Gedanken. Wenn ich vor dem Arbeiten laufe, kann ich den vor mir liegenden Arbeitstag perfekt ordnen. Ich kann dann im Büro ab der ersten Minute voll durchstarten. Gerade wer einen stressigen Job hat, muss ein Ausgleichstraining in seinen voll gestopften Alltag einbauen.

„von-null-auf- 42" – im Internet geht´s weiter

Im Laufe der letzten Jahre hat sich auf der „von-null-auf-42" – Homepage eine Fülle von Laufwissen angesammelt: von der Laufstilberatung über Streching-Übungen bis hin zu Expertenforen und medizinischen Tipps.

Unsere „von-null-auf-42"-Aktion konnte beim Erstellen dieser Internet-Trainingsseite auf das gesamte SWR- und ARD-Know-how aus Medizin-, Wissenschafts- und Ratgebersendungen der vergangenen Jahre zurückgreifen:

- Nutzen Sie z. B. die Fachkompetenz unserer SWR-Fernsehärzte Dr. Martin Weiner, Dr. Thomas Weiss und des Teledoktors Aart Gisolf, die in ihren Sendungen hunderte brisanter und interessanter Themen behandelt haben – in ihren Themenarchiven finden auch Sie Antworten auf Ihre speziellen Fragen.
- Laden Sie sich Ihr Lauftagebuch herunter.
- Auch einen Lauftreff in Ihrer Nähe werden Sie dort finden.
- Und natürlich gibt es alle Trainingspläne als Realvideo – kommentiert von Dr. Thomas Wessinghage.

Und so funktioniert´s

Gehen Sie einfach unter www.swr.de/marathon/links.html ins Internet. Dort finden Sie unsere Seite „Marathonwissen von A – Z" wieder – hier allerdings ergänzt durch viele Links, die Sie zu den wichtigsten Seiten rund um das Thema Laufen und Medizin bringen.

Marathonwissen von A – Z

Abnehmen
Unter dieser Rubrik finden Sie z. B. den Link zu den Hintergrundinformationen auf unserer Internet-Trainingsseite; alles zu den komplexen Vorgängen, die ablaufen, wenn wir Gewicht zu verlieren beginnen: Was leitet diesen Vorgang ein? Wie läuft er ab? Und vor allem: Wie kann man sich das bildlich vorstellen?

Ausrüstung
So natürlich das Laufen auch sein mag: Naturfasern wie Baumwolle sollten Sie nicht an Ihre Haut lassen. Der Grund: Sie führen die Hautfeuchtigkeit nicht ab, das kann vor allem im Winter krank machen – einer von vielen Tipps rund ums Thema „Ausrüstung", die Sie auf unseren Internetseiten finden können.

Bänderriss
Eine der häufigsten Sportverletzungen. Der Link führt Sie zu einer Computeranimation, die Ihnen den Blick ins Fußinnere öffnet – just in dem Moment, in dem sich Frank seinen Bänderriss zuzieht.

Blut
Der Sauerstoff-, Nährstoff- und Abfallstofftransporter in einem kommt überall hin. Der Link führt Sie zu einer hochinteressanten Seite. Beobachten Sie z. B. als Realvideo, wie sich unter dem Mikroskop die Wirkung einer Vitamin-C-Spritze entfaltet – faszinierend!

Crosstraining
Es muss nicht immer Laufen oder Walken sein: Schwimmen, Radfahren oder Inlineskating bringen Abwechslung und trainieren zusätzliche Muskelpartien. Aquajogging ist eine besonders schonende Alternative beispielsweise in Verletzungspausen. Das Laufen im Schwimmbecken mit einem speziellen Gürtel sieht nicht gerade sehr elegant aus, ist aber äußerst gelenkschonend und wird deshalb in der medizinischen Rehabilitation immer wichtiger.

Dehnen
Viele machen es vor dem Lauftraining, die Profis danach. Denn richtiges Dehnen der noch warmen Muskeln verhindert unangenehme Begleiterscheinungen wie Muskelkater am nächsten Morgen. Unser Link bringt Sie auf eine Seite mit den gängigsten Stretchingübungen.

Diabetes und Laufen?
Hier finden Sie einen Link, der Sie zu einer Interessensgemeinschaft bringt, die viele Erfahrungen bei den letzten Berlin Marathons gesammelt hat.

Dunkelheit
Vor allem im Winter stellt sich die Frage: Wie lange kann ich in welchem Monat in welchem Teil Deutschlands trainieren, bevor es dunkel wird? Unser Link bietet dafür eine Übersicht.

Eingangstest

Ein gutes Gefühl, wenn man weiß, dass man „laufgesund“ ist. Für 100 bis 150 Euro stellt Ihnen Ihr Arzt ein sportmedizinisches Attest aus. Zu diesem Check gehören Abhören von Herz und Lunge, Belastungs-EKG, Funktionsüberprüfung von Knie, Hüfte und Wirbelsäule und eventuell ein kleines Blutbild, um mögliche Entzündungsherde aufzuspüren.

Ernährung

Welcher der fünf Ess-Grundtypen passt auf Sie? Frühstücksmuffel, Schoko-Esser, Hungerkünstler, Stress-Esser oder Außer-Haus-Esser? Der Link führt Sie zur AOK/SWR-Aktion „mach fit“.

Fettverbrennung

Laufen ist optimales Abnehmprogramm. Denn Fett verbrennt man vor allem im unteren Pulsbereich. Das funktioniert aber natürlich nur, wenn man mehr Kalorien verbraucht, als in den Fettzellen eingelagert werden.

Gewicht

„Ich habe halt schwere Knochen!“ Mit dieser Ausrede z. B. brauchen Sie sich selbst gar nicht zu kommen: Nur drei Prozent macht der Unterschied zwischen „leichten“ und „schweren“ Knochen aus, bei einem mittelgroßen und 70 kg schweren Menschen sind das gerade mal zwei Kilogramm.

Herz

Zwei Pumpen in einem Gehäuse in Kompaktbauweise, mit Mehrventiltechnik, reibungsfreier Aufhängung im Herzbeutel und integrierter Steuerungssoftware – unser Link bietet Ihnen viele solch ungewöhnlicher wie eindrucksvoller Herz-Sichtweisen.

Isotonische Getränke

Braucht man sie als Sportler unbedingt? Das Urteil der Deutschen Gesellschaft für Ernährung e. V. ist klar: „Spezielle isotonische Getränke sind für den Breitensportler unnötig.“

Jo-Jo-Effekt

Wie viel kann man eigentlich essen, ohne gleich wieder zuzunehmen? Antwort: eine Kilokalorie pro Kilogramm Körpergewicht und Stunde! Sie sehen: Unser Link gibt präzise Antworten auf immer wieder gestellte Fragen. Dort finden Sie auch einen Vergleichstest der wichtigsten Diäten.

Knochen

Hart wie Stahl müssen sie sein und trotzdem leicht wie Aluminium; sonst könnten wir unser Skelett nicht von A nach B bewegen. Wie die Evolution es hingekriegt hat, diese sich scheinbar gegenseitig ausschließenden Anforderungen zu erfüllen, zeigt unser Link, der Sie mitten hineinführt in diese wunderbare Welt aus Bein.

Krampf

Obwohl ihn jeder schon mal hatte, weiß immer noch keiner, was die genaue Ursache ist: Für den Muskelkrampf gibt es viele Erklärungen. Unsere Animation aus der TV-Serie illustriert die aktuellste Theorie: Der

Krampf ist Folge eines Befehlsgewitters, das den übermüdeten Muskel völlig durcheinander bringt.

Laktat

Wenn der Körper in Sauerstoffnot gerät, schaltet er auf Notverbrennung um. Dummerweise entsteht dabei Laktat, Milchsäure, ein Stoff mit unangenehmer Nebenwirkung: Er ist der Müdemacher Nr. 1.

Lauftechnik

„Die" Lauftechnik gibt es nicht, sagt zum Beispiel Sportwissenschaftler Ronald Burger von der Mainzer Johannes-Gutenberg-Universität. Auf seiner Homepage finden Sie eine ausführliche Funktionsanalyse „Biomechanik und Laufen".

Lauftagebuch

Eine wichtige Motivationshilfe. Es zwingt zum regelmäßigen Einhalten der Trainingszeiten und zeigt die Fortschritte, die man gemacht hat. Im Internet finden Sie ein Muster zum Herunterladen.

Lauftreffs

In Deutschland, Schweiz und Österreich, nach Postleitzahlen geordnet, findet man sie unter unserem Link.

Marathonkalender

Alle Marathonläufe in Deutschland und weltweit sind auf unserer Seite aufgelistet.

Medizinsendungen im SÜDWEST Fernsehen

a) „Praxis Dr. Weiss" – Medizinsendung, jeden Donnerstag 18.15 – 18.45 Uhr im SÜDWEST Fernsehen in Baden-Württemberg mit Dr. med. Thomas Weiss.

b) „Rat und Tat" – Dienstag bis Donnerstag 18.45 Uhr im SÜDWEST Fernsehen in Rheinland-Pfalz; immer mittwochs mit dem Schwerpunkt „Gesundheit".

c) „Der Teledoktor" – täglich um 17.15 Uhr bei „Kaffee oder Tee?" im SÜDWEST Fernsehen.

Meniskus

Pro Marathon darf er schon mal Kräfte von bis zu 3000 Tonnen wegstecken, kein Wunder, dass er bei nicht wenigen Läufern Probleme macht. Unsere Computeranimation zeigt, was z. B. in Iris´ Knie passierte.

Motiv

Der Trainingsantreiber schlechthin. Denn wer keinen guten Grund hat, der wird an einem regnerischen Novembertag lieber im Sessel sitzen bleiben.

Muskel

Siehe auch „Krampf": Hier finden Sie das wichtigste zu diesem Thema, z. B. unsere TV-Computeranimationen „Wie wachsen Muskeln?" und „Was ist eigentlich Muskelkater?".

Mythos Marathon

Vielleicht wäre alles ganz anders gekommen, wenn die Geschichte des Marathons nicht mit einem Toten begonnen hätte; so aber hat Marathon das Image der gnadenlosen Disziplin für die Härtesten der Harten. Zu Unrecht, wie wir spätesten seit Anna, Mücke & Co wissen.

New York City Marathon

Die Legende unter den modernen Stadtmarathons, jedes Jahr am ersten Novembersonntag. Schnuppern Sie mal rein – mit Streckenplan und „Hall of Fame“.

Orthopädie

Sie wissen ja: Der Gradmesser für Ihr Training ist Ihr Bewegungsapparat, nicht die Muskulatur. Wenn Sie mehr über dieses Wunderwerk aus Knochen, Bändern und Sehnen wissen wollen, dann sind Sie auf diesen Seiten richtig!

Pollenallergie und Laufen

Möglicherweise war es ja eine Pollenallergie, die dazu geführt hatte, dass Annas Halbmarathontest in Mainz mit Atemnot und einem Vorsorgecheck in der Uni-Klinik endete. Die Botschaft: „Heuschnupfen“ ist nicht auf die leichte Schulter zu nehmen. Hier finden Sie Ihren Erstkontakt in dieser Problematik.

Pulsuhr

Kein Soll, sondern ein Muss – ohne sie sollte man nicht ins Training gehen. Die zentrale Forderung: Sie muss EKG-genau sein.

Rauchen

Laufen ist ein ideales Mittel, um das Rauchen aufzugeben. Wer viel draußen ist und sich bewegt, dem macht der Entzug deutlich weniger zu schaffen.

„Runner´s High“

Der Titel der wissenschaftlichen Arbeit von Prof. Dr. Oliver Stoll, dem sportpsychologischen Betreuer unseres TV-Projekts, sagt eigentlich schon alles: „Endogene Opiate, Runner´s High und Laufsucht – Aufstieg und Niedergang eines Mythos“. Danach ist eine erhöhte Endorphinausschüttung als Erklärung für euphorische Stimmungsveränderungen wissenschaftlich nicht haltbar.

Schuhe

Ein weites Feld. Die zwei wichtigsten Regeln:
1. nur im Fachgeschäft kaufen, das eine kompetente Video-Laufstilanalyse anbietet,
2. alle 1000 Kilometer ein neues Paar.

Schweinehund

Der mentale Todfeind des Läufers. Ist aber besiegbar. Unser Internet-Link spendet Trost und zeigt: Anderen geht es genauso!

Seitenstechen

Ein besonders „linker“ Schmerz, denn er tritt nur links auf, dort wo die Milz sitzt.

Sportverletzung

Erste Maßnahme: PECH. Dabei steht das P für „Pause machen“, E für „Eisbeutel“, C für „Compression“ und H für „hochlegen“.

Stretching – siehe Dehnen

Trainingspläne

Die Trainingspläne von Thomas Wessinghage finden Sie auch auf unserer Internetseite als Realvideo – mit Kommentaren des Ex-Europameisters und Sportmediziners.

Trinken
Ein zentrales Thema für jeden Läufer. Doch Wasser ist nicht gleich Wasser: Es sollte die richtige Zusammensetzung an Mineralien enthalten.

Übertrainiert
Wenn Sie die Trainingsreize zu dicht setzen, können die Muskeln nicht mehr regenerieren und aufbauen.

Verdauen
Was passiert eigentlich zwischen Esstisch und WC? Das ist auch für das Laufen von Bedeutung. Zum Beispiel für die Frühmorgenläufer, die bei Kilometer 5 mitten im Stadtpark die drangvolle Erfahrung machen müssen, dass Laufen die Peristaltik anregt.

Verletzungen
Alles von Achillessehnenriss bis Zerrung auf einer spektakulär gemachten Seite.

Volkslaufkalender
Wer seine 5- oder 10-Kilometer- oder noch längeren Testläufe unter Wettkampfbedingungen machen möchte, findet hier alle Volksläufe in Deutschland aufgelistet.

Walking
Ideal zum Einsteigen vor allem für Schwergewichtige. Da ständig ein Fuß am Boden ist, wird die Belastung beim Auftreten des anderen deutlich reduziert (sonst das 2- bis 3-Fache des Körpergewichts).

Wessinghage
Dr. Thomas Wessinghage war der Trainer der sieben „von-null-auf-42"-Protagonisten der TV-Serie. Von ihm stammen auch die Trainingspläne des Programms.

Wissenschaftssendungen in SÜDWEST Fernsehen, ARD und 3Sat
Mit vielen laufrelevanten Themen aus „Ernährung" und „Medizin"

- „WiesoWeshalbWarum" – donnerstags, 21.50 Uhr, SÜDWEST Fernsehen
- „W wie Wissen" – Mittwoch, 21.45 Uhr, DAS ERSTE
- „nano" – Erstsendung 3sat: Montag bis Freitag von 18.30 bis 19.00 Uhr, viele Wiederholungen in den dritten Programmen
- „Planet-Wissen" – Montag bis Freitag, 14 bis 15 Uhr, SÜDWEST Fernsehen

Tag X
Jetzt bloß nichts Neues mehr ausprobieren! Und an so banale Dinge denken wie:

- so früh aufstehen, dass man noch ausführlich aufs Klo kann; die WC-Schlangen im Startbereich sind nämlich mörderisch lang,
- oder: Vorsicht beim Wegwerfen. Wenn Sie einen Frühjahrs- oder Herbstmarathon laufen, kann es beim Warten auf den Startschuss richtig kalt werden. Bunkern Sie Altkleider für diese Wartephase – kurz vor dem Start einfach ausziehen und entsorgen.

Zielfoto
Wird bei jedem größeren Marathon angeboten, deshalb: Arme hoch und strahlen!